CARLSEN COMICS

Achtung!
Den Comiczeichenkurs von Kim gibt es auch im Internet! Unter www.kim-cartoon.com und www.comiczeichenkurs.de könnt ihr euch zusätzliche Tipps holen, weiterführende Frage stellen und euch im Zeichner-Forum austauschen. Klickt euch mal rein!

CARLSEN COMICS NEWS
Aktuelle Infos abonnieren unter
www.carlsencomics.de

4 5 6 7   12 11 10 09
© Carlsen Verlag GmbH / Kim Schmidt · Hamburg 2003
ORIGINALAUSGABE
Redaktion: Ralf Keiser
Herstellung: Gunta Lauck
Druck und buchbinderische Verarbeitung:
Westermann Druck Zwickau GmbH, Zwickau
Alle deutschen Rechte vorbehalten
ISBN 978-3-551-76825-4
Printed in Germany

Vorwort

Willkommen bei Kims Comiczeichenkurs!

»Ich kann nicht zeichnen!« – Ein Satz, den ich immer wieder höre, vor allem von Erwachsenen. Totaler Quatsch! Ich behaupte: Jeder kann zeichnen! Die Veranlagung ist bei jedem da: Bereits Kleinkinder malen mit Kakao auf Tischdecken, Schüler kritzeln lieber ihre Hefte voll als dem Unterricht zu folgen, Sprayer verschönern Hauswände, in Büros verzieren die Leute beim Telefonieren ihre Schreibunterlagen mit den feinsten Ornamenten. Und warum tun sie das? Weil Zeichnen einfach Spaß macht! Und ganz besonders viel Spaß macht das Zeichnen von Comics.

Als Comiczeichner hört man immer wieder die gleichen drei Fragen:
1. »Und davon kann man leben?«
2. »Wie kommen Sie bloß immer wieder auf neue Ideen?«
3. »Wie zeichnet man Comics?«

Zu Frage 1: Ja.
Zu Frage 2: Ich habe zu Hause eine Armee von Zwergen, die für mich den kompletten Haushalt führt, den Garten in Schuss hält, den Pool säubert, die Pferde versorgt und mich ganz nebenbei auch noch mit immer neuen Gags und Geschichten eindeckt.
Zu Frage 3: Um hierauf angemessen antworten zu können, habe ich mich dazu entschlossen, diesen Zeichenkurs zu schreiben, auf den ich fortan immer verweisen werde. Genial, oder?

Nun aber genug des Vorblabla, wir wollen nicht labern, sondern zeichnen, right? Also bitte anschnallen und die Türen schließen: Es geht los!

Viel Vergnügen wünscht

PS: Wenn euch mal einzelne Begriffe nicht so geläufig sein sollten, schlagt einfach im Schlagwortregister auf Seite 124 nach!

Das richtige HANDWERKSZEUG

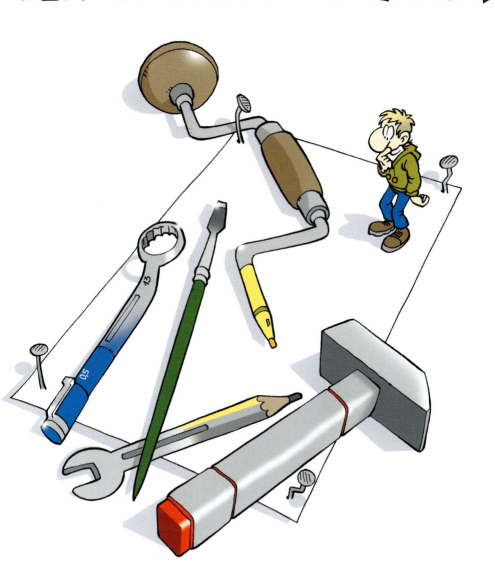

Eins gleich vorweg: Es gibt Tausende von Stiften, Farben und sonstigen Möglichkeiten, die sich zum Comiczeichnen eignen, und jeder Zeichner wird einem etwas anderes erzählen, wenn man ihn fragt, mit welchem Werkzeug man am besten arbeitet.

Betritt man ein Fachgeschäft für Künstlerbedarf, fallen sofort zwei Dinge ins Auge:
1. Die Palette von Stiften, Farben und Zeichenpapieren ist unüberschaubar groß und
2. ist vieles davon mit unglaublich überzogenen Fantasiepreisen ausgezeichnet, sodass man sich unwillkürlich fragt: »Bin ich hier in einem Laden für Zeichenbedarf oder in einer Apotheke?«
Aber ruhig Blut: Es ist absolut nicht nötig, sich gleich mit der teuersten Ausrüstung auszustatten. Ein schnöder Bleistift, billige Filzer und stinknormales Kopierpapier sind für den Anfang völlig ausreichend.

Im Folgenden gehe ich hier von den Sachen aus, die ich im Allgemeinen bevorzuge.

Papier

Für den Anfang reicht ein **500er-Packen Druckerpapier** völlig aus. Einige Sorten sind allerdings von minderer Qualität und neigen dazu, den Filzstiftstrich »auszubluten«, das heißt, der gezogene Strich zerfasert so, wie man es vom Löschpapier her kennt – wenn auch nicht ganz so schlimm. Das ist für den Anfang aber nicht so dramatisch, daher würde ich sagen: Erst mal bei den Eltern ein paar Blatt schnorren, sie antesten und ihnen im schlimmsten Falle eine andere Papiersorte empfehlen. Normales Papier

kann man problemlos mit Bleistift, Pinsel, Zeichentusche und den meisten Filzern und Finelinern bearbeiten.

Auch der Einsatz von Markern ist möglich, besser eignet sich hierfür aber spezielles **Markerpapier**, bei dem der Strich niemals zerfasert und auf dem die Farbe wie eine Eins steht. Ein weiterer Vorteil von Markerpapier: Man kann und sollte die Schwarz-Weiß-Zeichnung im Copyshop auf Markerpapier kopieren. So bleibt das Original unversehrt und man kann bei Bedarf (etwa wenn beim Einfärben mal was schief geht) eine neue Kopie davon ziehen.

Außer Architekten arbeiten auch einige Comiczeichner mit **Transparentpapier**. Die Vorzeichnung mit Bleistift wird auf einem separaten Blatt angefertigt und dann mit Feder, Pinsel o. Ä. auf festes Transparentpapier durchgepaust.

Ganz Verwegene greifen auch auf **Aquarellpapier** zurück. Das sind diejenigen, die sich trauen, ihre Originalzeichnungen zu kolorieren. Der Vorteil bei dieser Methode: Eine mit Aquarellfarben angemalte Zeichnung sieht einfach gut aus. Der Nachteil: Man hat nur einen Versuch. Wenn beim Kolorieren was schief geht, die Farbwahl misslingt oder sonst eine Katastrophe passiert, ist das Original meistens hin. Man kann dann zwar noch was mit Deckfarben retten oder überkleben, aber für mich ist die Zeichnung damit futsch, basta!

Wollt ihr richtig edle Federzeichnungen anfertigen, dann rate ich zu glattem, festem Zeichenkarton. Empfehlungen gebe ich dazu keine ab, weil ich selbst so einen Schnöselkram nicht kaufe. Seht euch einfach mal in einem Laden für Zeichenbedarf um.

Wichtig ist, sich in Sachen Papier auch mit den einzelnen Papiergrößen, den sogenannten **DIN-Formaten** vertraut zu machen.

Es gibt:
DIN A0: 840 x 1188 mm
DIN A1: 594 x 840 mm
DIN A2: 420 x 594 mm
DIN A3: 297 x 420 mm
DIN A4: 210 x 297 mm (normales Brief- und Kopierpapier)
DIN A5: 148 x 210 mm (halber Briefbogen)
DIN A6: 105 x148 mm (Postkartengröße)

Da alle Fotokopierer und Drucker auf diese Papiergrößen (von DIN A3 bis A6) genormt sind und auch die meisten Druckereien mit diesen Formaten arbeiten, sollte man sich als Zeichner tunlichst daran halten und auf extravagante Sondergrößen verzichten. Allerdings setzt sich in letzter Zeit hier und da auch das von den US-Comics her beliebte Heftchenformat durch, das 168 x 257 mm groß ist.

Schön und gut, aber welche dieser Größen braucht man denn nun? Ich würde sagen: Alles, was größer ist als DIN A3, ist umständlich zu handhaben. Ein DIN A2-Papierlappen passt zwar noch gerade so auf einen Schreibtisch, aber bei DIN A1 braucht man schon Schimpansenarme, um darauf zeichnen zu können.

Zeichne Deine Originale in einem größeren Format, als sie später gedruckt werden sollen. Ist also beispielsweise ein DIN A4-Album geplant (»Asterix«-Größe), legst du die Originalseiten besser auf DIN A3 an. Warum? In dem Format lässt sich lockerer arbeiten und Ungenauigkeiten und kleine Fehler verschwinden bei der späteren Verkleinerung. Im Druck sieht das Ganze dann viel besser aus. Wenn du nicht mit einem großen DIN A3-Blatt herumhantieren willst, nimm einfach 2 DIN A4-Blätter quer und

klebe sie später zusammen. So kommst du auch zu deiner DIN A3-Seite.

Bleistift

Mit dem Bleistift werden Vorzeichnungen gemacht, wird skizziert und probiert. Ihn gibt es in diversen Härtegraden (von 2H = sehr hart über H = hart, HB = mittel und B = weich bis zu 2 – 8B = weicher, noch weicher und am weichsten). Der Comiczeichner greift zu den mittleren Härtegraden, etwa H bis B.

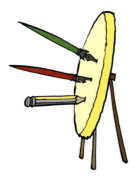

Wichtig beim Umgang mit dem Bleistift: Man sollte sich nicht den winzigsten Stummel aussuchen, sondern ein ausreichend langes Exemplar, das gut in der Hand liegt und nicht wie ein Propeller zwischen Daumen und Zeigefinger rotiert.

Manche entscheiden sich auch für einen Druckbleistift. So ein Teil hat schon seine Vorzüge: Das Ding hält ewig, nur die Minen müssen von Zeit zu Zeit erneuert werden. Außerdem kann man die Härtegrade der Minen je nach Bedarf wechseln.

Radiergummi

Für seinen Bleistift braucht man natürlich auch einen vernünftigen **Anspitzer** und einen guten **Radiergummi**. Bei den Spitzern gibt es kaum Unterschiede. Ganz anders sieht es bei Radiergummis aus: Die gibt es

gutes Lineal (bis 30 cm lang) und – noch wichtiger – ein Geodreieck zulegen. Damit zieht man die Bildkästchenränder und legt Hilfslinien bei komplizierten Perspektivzeichnungen an. Um die Lockerheit einer Zeichnung zu erhalten, sollte man im letzteren Fall aber die mit Bleistift und Lineal gezogene Linie mit dem Konturstift freihändig nachziehen, sonst sieht das Ergebnis sehr steif aus. Mit einiger Übung kann man später nach und nach auch größtenteils auf ein Lineal verzichten.

in allen Formen, Farben, Größen und Qualitätsunterschieden. Finger weg von den billigen eingefärbten und am Ende noch parfümierten Teilen aus den fertig gepackten Federtaschen oder vom Grabbeltisch. Die taugen meistens nicht viel: Sie fetten das Papier voll und verschmieren die Zeichnung. Künstlerradiergummis sind eher was für Kohlezeichnungen und Rötelstift. Richtig gut sind zum Beispiel die Radierer von Läufer Plast, die sind ergiebig, schmieren nicht und eignen sich für alle Bleistifthärtegrade.

Lineal

Wieso Lineal? Wir sind hier doch nicht beim Geometrieunterricht oder in der Bauzeichnerschule! Stimmt, aber dennoch ist so ein Lineal auch beim Comiczeichnen von Nutzen. Genau genommen sollte man sich ein

Konturstifte

Wenn die Vorzeichnung gemacht ist, geht es ans Nachziehen der Bleistiftzeichnung, das sogenannte Konturieren. Sinn dieser Übung ist es, eine satte schwarz-weiße Zeichnung herzustellen, die problemlos per Fotokopierer oder Offsetdruck vervielfältigt werden kann.

Meine bevorzugten Arbeitsgeräte sind hierbei einfache Filzstifte und Fineliner, die ich beim Zeichnen kombiniere. Empfehlen kann ich den »204 super formy« der Firma Geha. Er ist preiswert zu haben und verfügt über eine weiche Faserspitze, mit der man je nach Druck auf das Papier dicke und dünnere Linien zeichnen kann, was einen pinselähnlichen Effekt erzeugt. Nachteil: Der Stift ist ziemlich schnell rund gezeichnet und man muss nach einem neuen greifen. Deshalb kaufe ich die Dinger auch immer gleich im Zehnerpack.

Die Fineliner meiner Wahl sind die aus dem Hause Edding. Ich benutze hauptsächlich die Stärken von 0,1 mm bis 0,3 mm und für das Lettering einen mit 0,5 mm Stärke.

Und so setze ich sie ein: Mit dem Geha ziehe ich die groben Umrisslinien einer Figur nach, die weitere Feinarbeit und alle Details mache ich dann mit den Finelinern unterschiedlicher Stärke.

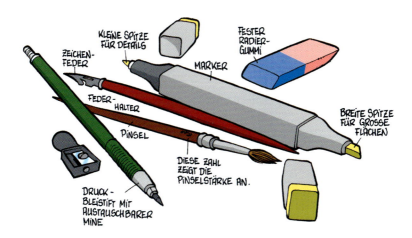

Pinsel

Arbeiten mit dem Pinsel gilt unter Zeichnern als die Königsdisziplin und ist auf keinen Fall geeignet für hypernervöse Kettenraucher mit zittrigen Händen. Eine mit dem Pinsel getuschte Zeichnung sieht ungeheuer locker und dynamisch aus, setzt aber ein gewisses Maß an Übung voraus, denn anders als beim Konturstift hat man bei einem Pinsel so gut wie keinen spürbaren Kontakt mit dem Zeichenpapier. Mit leichter Hand variiert man die Strichstärke, indem man den Pinsel leicht andrückt oder loslässt.

Profis arbeiten mit echten Marderhaarpinseln oder mit Cosmotop Synthetikpinseln. Letztere haben eine kürzere Spitze als die Marderhaarteile und sind daher zum Zeichnen noch geeigneter. Zum Antesten sollte man sich zunächst einmal zwei oder drei verschiedene Stärken zulegen, am besten Nr. 1, Nr. 3 und Nr. 5. Leider sind solche Pinsel nicht gerade günstig. Dazu dann noch ein Fässchen Tusche. Aber Achtung: Nicht dieses fiese »Scriptol pur«, das ist für die Pinsel viel zu dickflüssig und zäh. Lieber die von Pelikan mit der Nr. 4001. Wenn es denn trotzdem Scriptol sein muss, dann bitte verdünnen, der Pinsel wird es danken.

Seit geraumer Zeit gibt es auch sogenannte Pinselstifte. Ziemlich gut ist der »GFKP Brush Pen« von der Firma Pentel. Bei diesem Modell werden wie bei einem normalen Füllfederhalter einfach nur Tintenpatronen nachgefüllt, so spart man sich das lästige Hantieren mit Tintenfässchen. Ich habe erst vor kurzer Zeit den Pinselstift für meine Arbeit entdeckt und bin selbst noch in der Übungsphase. Auf jeden Fall überrascht es mich immer wieder, was man mit dem Pinsel aus einer Zeichnung noch herausholen kann.

Feder

Mit der Feder als Zeichengerät konnte ich mich nie recht anfreunden, daher hier nur ein paar kurze Anmerkungen. Federn gibt es in allen möglichen Härtegraden und Strichstärken. Die Firma Brause bietet hier ein reichhaltiges Sortiment an. Vorteil: Ein recht preiswertes Werkzeug. Nachteil: Auf einfachem Papier lässt sich mit ihr schlecht zeichnen, da muss es dann schon der etwas teurere Zeichenkarton sein. Japanische Mangazeichner arbeiten vorzugsweise mit der Feder.

Filzmarker

Ist die Schwarz-Weiß-Zeichnung erst einmal fertig, soll sie natürlich auch in farbigem Glanz erstrahlen. Aber wie? Und mit welchem Werkzeug?

Eine Möglichkeit: Man fotokopiert die Zeichnung auf Markerpapier und koloriert sie mit Markern, wie sie von Grafikdesignern benutzt werden. Diese Marker gibt es in einem breiten Farbspektrum. Jedes Farbtönchen, und sei es noch so unbedeutend, hat hier seinen eigenen Stift. Die Firma Copic hat über 200 verschiedene Töne im Programm, das Stück zu rund €6,-. Happig, was? Man braucht aber längst nicht alle Farben. Ich habe mir im Laufe der Zeit ca. 80 bis 100 Stifte zugelegt und komme damit voll und ganz aus. Trotzdem sind die Copic-Stifte gerade für Anfänger eine kostspielige Angelegenheit und daher Anlass, sich nach Alternativen umzusehen.

Aquarellfarben

Eine andere Möglichkeit, Farbe auf die Zeichnung zu bringen, sind Aquarellfarben. Voraussetzung ist natürlich, man zeichnet von vorn herein auf Aquarellpapier. Normales Papier könnte die viele Flüssigkeit, die Aquarellfarbe nun mal mit sich bringt, gar nicht verkraften und würde wellen. Zu Anfang reicht vielleicht ein kleines Aquarellkästchen und dazu ein, zwei gute Pinsel. Aber dann ist man auch schon wieder seine 40 bis 50 Tacken los. Geht das denn nicht billiger?

Buntstifte

Auch Buntstifte gibt es von sehr billig (Finger weg!) bis unglaublich teuer. Im guten Fachhandel kriegt man die aber auch einzeln und kann sich für den Anfang zunächst einmal mit einem Grundsortiment eindecken. Buntstifte lassen sich gut in Kombination mit Markern einsetzen, sie geben der Markerkolorierung die nötigen Tiefen und Schatten. Brösel, der Erfinder von »Werner«, arbeitet so.

Des weiteren gibt es noch Aquarellbuntstifte. Geht man über die Buntstiftfarbe mit einem in Wasser getränkten Pinsel rüber, bekommt man einen – na? – Aquarelleffekt!

Du musst nicht gleich zu den edelsten Zeichenmaterialien greifen! Auch mit erschwinglichem Werkzeug lassen sich gute Ergebnisse erzielen.

Rechner

Im digitalen Zeitalter verfügen wir natürlich noch über ganz andere Mittel und Wege, einen Comic einzufärben. Die Computerkolorierung ist für Legionen von Zeichnern bereits das Mittel der Wahl und wird vor allem von den Profis in Amerika bis zur Perfektion betrieben. Geeignete Programme sind in der Hauptsache »Adobe Photoshop« (für PC und Macintosh) und »Corel Draw« (nur für PC). Zu letzterem kann ich nicht viel sagen, weil ich es selbst nicht benutze, aber hier kann ein Blick in die Fachabteilung für Computerbücher in der Buchhandlung weiterhelfen. »Photoshop«, mit dem ich arbeite, hat alles, was man so zum Comiczeichnen und Kolorieren braucht: Stifte, Pinsel, Radiergummi, Airbrush-Funktion, Farbeimer und viele Farben …

Unabhängig vom Programm geht die Kolorierung mit einem Computer in etwa so vor sich: Die fertige Schwarz-Weiß-Zeichnung wird gescannt, eventuelle Fehler in den Zeichnungen werden retuschiert und ausgebessert, danach dann im CMYK-Farbmodus koloriert. Wichtig dabei: Die mit Farbe zu füllenden Flächen müssen geschlossen sein, damit der Rechner weiß, welchen Teil der Zeichnung es mit Farbe zu füllen gilt. Bei der kleinsten Lücke fließt ansonsten die Farbe überallhin, wo sich Lücken in der Strichzeichnung befinden. Natürlich lassen sich solche Fehler leicht rückgängig machen, aber je nach Computerleistung und Größe des Vorgangs kann das recht lange dauern. Wer mit Bildbearbeitungsprogrammen zeichnen will, sollte seinem Rechner auf jeden Fall einen genügend großen Arbeitsspeicher gönnen. Ansonsten können Berechnungen größerer Bilddateien echt lange dauern. Da kann man sich schon mal getrost was zu lesen schnappen und aufs Klo verschwinden.

SO LÄUFTS MIT DER RASTERFOLIE: ZUERST EIN GENÜGEND GROSSES STÜCK AUSSCHNEIDEN UND LEICHT AUFS BILD KLEBEN.

Rasterfolien

Nie gehört? Kein Wunder, die Dinger sind dank moderner Bildbearbeitungsprogramme weitgehend überflüssig geworden. Rasterfolien sind selbstklebende und mit Punktrastern versehene Folien. Sie finden vorwiegend bei reinen Schwarz-Weiß-Comics und im Bereich der Zeitungskarikatur Verwendung. Auch Mangazeichner arbeiten noch sehr häufig mit dieser Technik.

DANN MIT DEM CUTTER VORSICHTIG AN DEN KONTUREN ABSCHNEIDEN.

Die Punktraster gibt es in verschiedenen Ausführungen. Je nach Dichte und Größe der Rasterpunkte auf der Folie ergeben sie eine hellere oder dunklere, gröbere oder feinere Graufläche. Mithilfe dieser Folien kann man also bestimmte Bereiche oder Flächen in Schwarz-Weiß-Zeichnungen mit Grautönen versehen und sie dadurch stärker akzentuieren.

ZUM SCHLUSS WIRD DIE FOLIE MIT DEM FINGERNAGEL FEST ANGERIEBEN.

Und so geht das technisch: Ist die Zeichnung fertig, nehmen wir die Rasterfolie und ein Bastelmesser (Cutter) zur Hand und schneiden vorsichtig (Nicht zu sehr aufdrücken!) ein Stück in der Größe, welches wir auf der Zeichnung mit Raster versehen wollen, grob aus. Dann wird das Rasterstück von der Folie getrennt und auf den Bereich der Zeichnung geklebt, der grau werden soll. Nun noch mit dem Cutter sauber die Fläche nacharbeiten (Wie gesagt: Nicht so doll aufdrücken, sonst hast du ein Loch in der Zeichnung!), die überschüssigen Folienfitzel entfernen, fertig! Aber Obacht: Das funktioniert nicht mit fotokopierten Zeichnungen: Hier würde man mit dem Skalpell nicht nur überflüssige Folie, sondern auch den Toner mit wegschneiden!

Aber, wie gesagt: Jenseits von Japan sind die Folien ziemlich aus der Mode gekommen. Daher ist es auch nicht so einfach, bei uns an gute Folien heranzukommen, wenn man keine Freunde hat, die immer mal nach Japan fliegen…

wenn es mit den Farben mal daneben geht. Auch wenn Figuren oder Details auf der Vorskizze mal noch nicht so optimal platziert sein sollten – kein Problem: Der Überleger wird einfach so verschoben, bis die Figur an der gewünschten Position sitzt, und dann durchgezeichnet.

Leuchttisch

Ein einfacher Holzkasten mit Milchglasscheibe oben drauf und zwei Neonröhren für das nötige Unterlicht. In Zeiten der Bildbearbeitungsprogramme für manch einen vielleicht nur ein verstaubtes Stück von gestern, für mich aber immer noch total praktisch. Man kann sich so einen Tisch leicht selbst bauen und er ist unheimlich vielseitig nutzbar. Die skizzierte Vorzeichnung wird mit Klebefolie auf dem Leuchttisch festgepappt. Dann kommt ein neues Blatt darüber (der sogenannte Überleger), man macht das Licht an, und siehe da: Die Skizze scheint klar durch das darüberliegende Blatt hindurch und kann sauber durchgezeichnet werden. Will man die Kolorierung auf separatem Papier vornehmen, geht man auf gleiche Weise vor. Vorteil in diesem Fall: Das Original bleibt unversehrt,

Du musst dir keinen der relativ teuren Leuchttische aus dem Fachhandel zulegen, selber bauen geht auch. Das Material dazu kaufst du dir im Baumarkt: Bretter (10 bis 15 cm tief), eine kleine Spanplatte (für den Boden), kurze Neonröhren (die für den Alibert-Schrank) sowie ein Kabel mit An- und Ausknipsschalter. Das Teuerste wird die Milchglasscheibe sein, nötigenfalls funktioniert es aber auch mit einer einfachen Glasscheibe, die man auf der Unterseite mit weißer Farbe dünn anpinselt – aber wirklich dünn, damit das Licht noch durchscheinen kann!

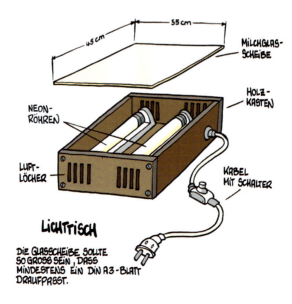

LOS GEHTS!

Los geht's!

Nachdem man sich im Laden für Künstlerbedarf jede Menge edles Zeichenzeug hat aufschwatzen lassen, brennt man jetzt natürlich darauf, die ganzen tollen Geschichten, die einem im Kopf herumschwirren, endlich zu Papier zu bringen.

Also eilt man auf dem kürzesten Weg nach Hause, schmeißt die Kaffeemaschine an (oder holt sich ein paar Flaschen Brause) und sichtet den Vorrat an Keksen und sonstigem Naschwerk. Dann wird erst einmal die gesamte Bude nach der Lieblings-CD durchstöbert, weil Zeichnen bei gepflegter Mucke einfach besser kommt. Unter dem Bett stößt man dabei auf eine Anzahl alter Comic-Alben. Und wenn es in diesem Kurs jetzt nicht schnell mit praktischen Beispielen weitergeht, besteht eine gewisse Gefahr, dass man noch in ein paar Wochen zwischen den Staubmäusen unter dem Bett hockt, Kekse isst und »Lucky Luke« liest.

Also fangen wir besser mal gleich mit ein paar praktischen Übungen an, nämlich dem Entwerfen und Zeichnen von Figuren. Ich habe mich hier auf meine eigenen Geschöpfe beschränkt. Wie man andere Figuren zeichnet, wird später noch erklärt. Also: Los geht's!

ÖDE
Step 1

Zunächst zeichnet man das Figurenskelett, um die Proportionen und die Haltung festzulegen. Wichtig ist: Nicht gleich mit dem dicken Filzer loslegen, sondern erst mal ganz locker mit Bleistift! Da kann man dann noch prima mit dem Radiergummi korrigieren. Um Öde einen Gefallen zu tun, sollte man ihn in seiner Lieblingspose zeichnen: Als Eckensteher mit einer Dose Bier in der Hand.

Step 2

Nun wird der Figur ganz grob Volumen gegeben, immer noch locker mit Bleistift. Ich hab das hier allerdings mal zur Verdeutlichung mit rotem Filzer gemacht…

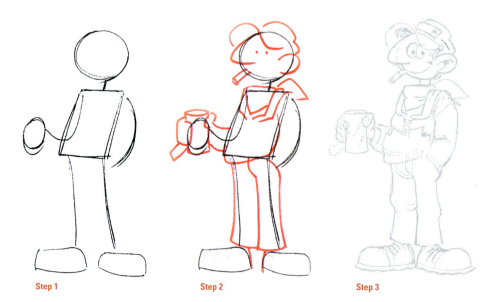

Step 1   Step 2   Step 3

Step 3

Die Details: Gesicht, Hände, die Bierdose, Kleidung mit Falten, Schuhe, Zigarette im Mundwinkel. Wichtig ist, alles mit sparsamen Strichen anzudeuten. Ein, zwei Striche als Kniefalten z.B. reichen völlig aus. Allgemein gilt bei schwierigen Details wie Händen oder so einer Mütze, wie sie Öde trägt: Am besten schaut man sich an, wie es in Wirklichkeit aussieht! Betrachte deine Hände! Setz dir eine Kappe auf den Kopf und wirf einen Blick in den Spiegel! Dann wirst du zum Beispiel sehen, dass der Mützenschirm von schräg vorne gesehen einer S-Kurve gleicht. (Das Ganze zeichnen wir immer noch mit Bleistift!)

Step 4

Nun einen schwarzen Stift zur Hand, um die Konturen zu ziehen. Zunächst einmal einen einfachen Filzer mit weicher Spitze, das gibt je nach Stärke beim Aufdrücken so einen leichten Pinseleffekt. Dabei werden fast nur die äußeren Linien nachgezogen, die Details folgen im nächsten Schritt.

Welche Stifte zu bevorzugen sind, wurde ja schon im Kapitel »Handwerkszeug« erklärt.

Step 5

Jetzt mit einem Fineliner (Stärke: 0,1 mm bis 0,3 mm) die Details nacharbeiten: Zigarettenkippe, Fingernägel, Bündchen am Pullover… Sieht doch schon ganz gut aus! Da kann man ja gleich mit Farbe… Halt! Erst kommt noch Schritt 6!

Step 6

Bleistift wegradieren.

Step 4　　　　　Step 5　　　　　Step 6

Step 7

So, nun aber Farbe drauf! Das Kolorieren ist wieder so eine Wissenschaft für sich. Ich hab es hier mit dem Rechner gemacht. Das geht schnell, eignet sich aber nicht bei jeder Zeichenart. Schau einfach selbst, was dir am besten liegt und zu der Zeichnung passt.

Zeichne immer erst mit dem Bleistift vor, dann kannst du mit dem Radiergummi noch korrigierend in die Zeichnung eingreifen, wenn mal ein Strich daneben geht.

OMI KEMPEL

Step 1 (Bleistift)

Omi Kempel ist so eine typische Durchschnittsoma: korpulent, mit merkwürdigem Hut auf dem Kopf und Havanna im Gesicht. Wir legen erst einmal ihr grobes Körpergerüst fest: Der große Busen zieht ihren Oberkörper nach vorne, das Gesäß ragt weit nach hinten, das Ganze ergibt in etwa die Form einer fetten Bohne. Oben drauf der runde Kopf, unten schließen sich die kurzen Beine an.

Step 2 (Bleistift)

Es folgen die Details: das Gesicht mit Gurkennase, Brille und derben Wangen, die Arme angewinkelt (wegen der Handtasche der linke und wegen der Zigarre der rechte), unter dem Kinn ein Halstuch (Seide). Sie trägt einen weiten Mantel, die dicken Füße stecken in klobigen Schnürschuhen.

(Konturstifte) **Step 3**

Mit einem normalen Filzstift werden zunächst wieder die »wichtigsten« Linien eingezeichnet, also die äußeren Konturen, der untere Armstrich usw. Dann den Rest mit einem Fineliner schwarz nachziehen.

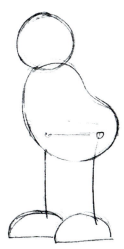
Step 1

Step 2

Step 3

Step 4

(Radiergummi) **Step 4**
Nach dem Radieren bleibt nur noch die saubere Zeichnung in Schwarz-Weiß. Sieht nicht schlecht aus, oder?

(Farbe) **Step 5**
In Farbe kommt das natürlich noch besser. Wie gesagt, in diesem Fall ist es Computerkolorierung. Es geht aber auch anders: Copic-Marker, Buntstifte, Aquarellfarben und noch so manches mehr. Je nach Kolorierungsart sollte man auch das passende Zeichenpapier auswählen, und dann... Was? Das wurde alles schon im Kapitel »Werkzeug« erzählt?! Äh, ich... Gut! Weiter geht's!

Step 5

SIGI SAUSE

Step 1 (Bleistift)
Auch bei Sigi gilt: Erst einmal das grobe Gerüst anreißen. Der Kopf ist ein Kreis, in der unteren Hälfte ein kleinerer Kreis für die Schnauze, der Rumpf ist ein leichtes Oval. Notizstriche für den Ansatz der Arme und Beine nicht vergessen.

Step 2 (Bleistift)
Die Details: Augen, Mundwinkel, Nasenlöcher – na, das ganze Gesicht eben. Oben drauf Haarbüschel und Schlappohren. Sigi hält seinen linken Arm hinter dem Rücken verschränkt, dargestellt durch eine Rundung rechts neben dem Rumpf. Nun noch die Klauen und Füße, und dann…?

Step 3 (Konturstifte)
Genau! Nun wird wieder mit dem schwarzen Stift konturiert, d.h. die idealen Bleistiftlinien werden nachgezogen.

Step 1

Step 2

Step 3

Step 4 (Radiergummi)
Dann die Bleistiftstriche wegradieren…

Step 5 (Farbe)
… und Farbe drauf. Schon fertig! Sigi, du cooles Schwein!

So, das mag vorerst mal genügen, mehr zu dem Thema gibt es dann im Kapitel »Anatomie einer Comicfigur«. Aber vor dem Weiterlesen sollte man jetzt erst mal tüchtig üben…

Step 4

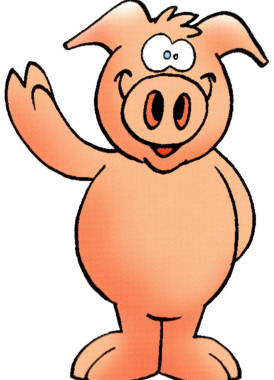

Step 5

ANATOMIE
Einer Comicfigur

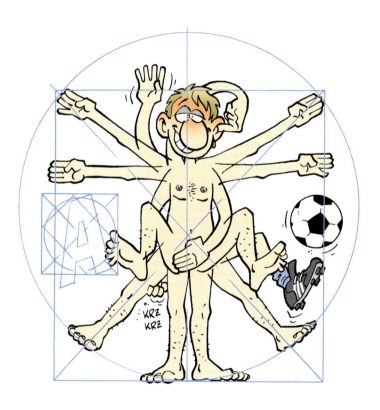

Anatomie einer Comicfigur

Bei Comics unterscheidet man ganz allgemein zwei grobe Stilrichtungen: Die realistischen und die sogenannten Funnies. Erstere sind, wie der Name bereits andeutet, realistisch gezeichnet, die Szenerie ist wirklichkeitsgetreu und die Figuren, ob Menschen oder Tiere, sind anatomisch korrekt gezeichnet. Eine heikle Sache: Man sieht bei diesen Comics sofort, ob ein Zeichner die menschliche Anatomie richtig drauf hat. Der absolute Großmeister dieser Stilrichtung ist der Tarzan-Zeichner Burne Hogarth. Sein Buch »Dynamic Figure Drawing« ist ein Klassiker zu diesem Thema, der in keinem Bücherschrank eines Zeichners fehlen sollte (Siehe dazu die Literaturliste im Anhang).

Bei den Funnies ist dieser Aspekt um Längen entspannter zu betrachten. Die Gesetze der klassischen Anatomie können hier bedenkenlos ignoriert und links liegen gelassen werden. Funnies bieten dem Zeichner nahezu grenzenlose darstellerische Freiheit! Ob die Figuren klein, groß, dick oder dünn, mit langen Affenarmen und kurzen Beinen und fetten Gurkennasen gezeichnet sind, spielt eigentlich keine Rolle. Alles ist erlaubt! Toll, oder? Gleiches gilt für Szenerie und Details. Wichtig ist in der Hauptsache, dass es witzig aussieht!

KOPF
Mimik

Die Handlung im Comic muss immer möglichst klar und für den Leser verständlich, also auf den Punkt gebracht, dargestellt werden. Es geht immer um das Wesentliche einer Situation. Alles, was für die Handlung im Augenblick nicht wichtig ist, kann weggelassen werden. Bei den Figuren geht es darum, deren Gemütsverfassung punktgenau wiederzugeben. Wenn der Held wütend ist, dann muss man das auch sehen. Eine leicht heruntergezogene Augenbraue und ein Schmollmündchen reichen da nicht. Toben muss er! Schreien! Die Augen müssen ihm aus den Höhlen treten vor Erregung! Ein Funny lebt von der Übertreibung. Der Leser sollte auf den ersten Blick erkennen: Mann, der Typ ist echt sauer!

Die Mimik lässt sich in vier Grundausdrucksweisen unterteilen: Ernst, Freude, Wut und Trauer.
Das wollen wir jetzt mal üben. Dazu nimmt man am besten ein Blatt zur Hand und zeichnet zunächst einmal vier Kreise darauf, die einen Durchmesser von etwa fünf Zentimetern haben. Für die Mimik reduziert man das Gesicht auf das Wesentliche: Augen mit Augenbrauen, Nase und Mund. Auf die Ohren kann man hierbei erst einmal verzichten, denn kein Mensch kann an den Ohren ablesen, ob jemand gerade fröhlich, traurig oder wie auch sonst immer drauf ist, oder?

Hat man zufällig einen Spiegel in der Nähe, stellt man die oben genannten Grundausdrucksweisen einfach einmal mit dem eigenen Gesicht nach. Wie stehen die Mundwinkel, wenn man fröhlich oder traurig ist? Wie die Augen und Augenbrauen? Was passiert im Gesicht, wenn einen die Wut überkommt? Diese Beobachtungen zeichnet man in die jeweiligen Kreise auf seinem Blatt ein!

Neben den vier Grundzügen gibt es natürlich noch jede Menge Variationen und Feinheiten: Staunen, Schadenfreude, Müdigkeit, Scham, Mitleid, Boshaftigkeit... alles Dinge, die sich auf die gleiche einfache Weise darstellen lassen. Einfach ausprobieren!

Um sich die verschiedenen Gesichtsausdrücke zu verdeutlichen, ist ein kleiner Spiegel oft hilfreich. Betätige dich als Modell, stelle die gewünschte Stimmung selbst nach und zeichne sie dann! Die Trickfilmzeichner arbeiten auf die gleiche Weise.

Kopfdrehung

So, die Sache mit dem Gesicht wäre geklärt, aber bislang immer nur in der Ansicht des Kopfes von vorne. Jetzt geht es darum, den Kopf auch einmal aus anderen Blickwinkeln zu zeichnen. In einem Comic schauen die Figuren den Leser ja nicht dauernd an, sondern sind untereinander in Aktion. Wie man den Kopf aus anderen Blickwinkeln zeichnet, kann man sich am besten bei den Trickfilmzeichnern abgucken: Die zeichnen zunächst auch erst mal wieder einen Kreis und teilen diesen dann mit einer senkrechten und einer waagerechten Mittelachse. Die Senkrechte verläuft quasi auf dem Nasenrücken, die Waagerechte auf Augenhöhe. Jetzt aber bloß nicht das Geodreieck rausholen, so etwas macht man besser alles frei Hand!

Wird der Kopf gedreht, dann verschiebt sich das Hilfslinienkreuz je nach Blickwinkel und ist so eine Orientierungshilfe für die Lage von Augen, Nase und Mund. Soll die Comicfigur den Kopf zum Beispiel nachdenklich schief halten, muss die Waagerechte entsprechend schräg eingezeichnet werden. Blickt die Figur in den Himmel, wandert die waagerechte Linie (und mit ihr die Augen) nach oben. Das hört sich alles ziemlich technisch an, und das ist es an sich auch, ist aber ganz praktisch, um sich eine räumliche Vorstellung zu verschaffen. Aber keine Angst, mit ein bisschen Übung hat man den Bogen bald raus und kann auf das Einzeichnen der Hilfslinien verzichten.

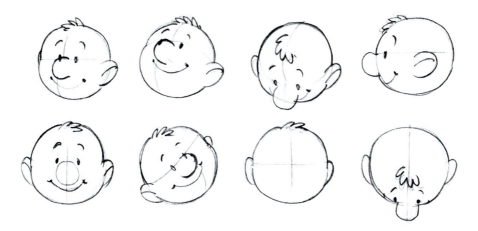

Kopfformen

Wenn du dich nun immer noch fragst, wovon hier die Rede ist, schlage ich eine praktische Übung vor: Schnapp dir einen alten Tennisball und einen Filzer. Ziehe eine senkrechte und eine waagerechte Linie, wie oben lang und breit besprochen. Auf die Waagerechte die Augen, auf die Senkrechte die Nase, darunter der Mund. So, und nun drehe den Ball einmal in der Hand und betrachte ihn aus verschiedenen Blickwinkeln! Beobachte, wie sich die Positionen der Augen usw. jeweils ändern! Na? Jetzt alles klar?

Klar hat nicht jeder so ein Vollmondgesicht. Es gibt auch lange Gesichter, kurze, breite, Typen mit dicken Backen und flachem Schädel und so weiter. Wie zeichnet man so was? Alles eine Frage der Grundform! Zur Übung zeichnet man auf einem Blatt Papier mit lockerem Strich ein paar dieser Grundformen auf: Ovale, Eiformen, Birnen…

Wie oben beschrieben (die Sache mit den senkrechten und waagerechten Hilfslinien) kann man denen nun Gesichter verpassen. Da lässt es sich herrlich herumprobieren! Setzt man das Hilfslinienkreuz zum Beispiel tief nach unten, hat der Typ – zack! – tief

liegende Augen und eine Denkerstirn Marke »Eiger-Nordwand«. Oder soll es lieber ein tumber Muskelmann mit breitem Kinn und wenig Hirn werden? Dann zeichnet man ein Ei und setze das Hilfslinienkreuz weit nach oben! Ob Donald Duck, Micky Maus, Asterix oder Tim – die meisten Comicfiguren basieren auf solchen einfachen Grundformen!

 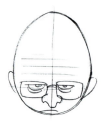

Dumpfbacke und Denkerstirn

Komm den Meistern auf die Schliche: Schau dir mal andere Comicfiguren an und überlege, auf welchen Grundformen sie jeweils aufbauen!

KÖRPER

Wie eingangs schon erwähnt können die Aspekte der menschlichen Anatomie beim Zeichnen von Funnies weitgehend außer Acht gelassen werden. Doch halt: Um den Aufbau und die Bewegung einer Funny-Figur zu verstehen, kann es trotzdem nicht schaden, mal einen Blick in ein Anatomiebuch zu werfen.

Das Grundgerüst einer Figur ist – wenn auch sehr stark vereinfacht – dem Aufbau des menschlichen Skeletts entlehnt, die Bewegung der Figur folgt also trotz aller darstellerischer Freiheit gewissen Gesetzmäßigkeiten. Als Zeichner sollte man daher schon wissen, wie Körper und Gliedmaßen bei bestimmten Bewegungen zueinander stehen. Aber: Im Gegensatz zur realen Anatomie ist es natürlich erlaubt, die Proportionen zu verändern. Ein Kürbiskopf so groß wie der Rumpf, kurze Arme, dünne Beine, dazu große Hände und Füße – gerade das macht eine Comicfigur aus.

Beim Skizzieren kommt es darauf an, zunächst einmal die grobe Körperform mit Kopf und Extremitäten festzuhalten. Hierbei geht man nach dem Strichmännchen-Prinzip vor: Der Kopf ist zunächst nur eine Grundform (zum Beispiel ein Kreis oder ein Oval), der Rumpf ein (je nach beabsichtigter Körperform) größeres oder kleineres Viereck. Daran schließen sich die Arme und Beine an, die Gelenke werden markiert, Hände und Füße als Kreise oder Ovale angedeutet. Man brauchst hier aber nicht jedes einzelne Gelenk einzuzeichnen, nur auf die wichtigsten kommt es an: Hals-, Schulter-, Ellenbogen- und Handgelenk, Becken-, Knie- und Fußgelenk. Bei diesem Arbeitsschritt kann man schon erkennen, wo ein Arm zu kurz oder ein Bein zu lang erscheint, und dies dann korrigieren. Dann geht es an die Details: Gesicht, Kleidung, Hände (Oha! Ein Kapitel für sich – dazu später mehr!) und Füße.

Viele machen den Fehler und fangen mit dem Gesicht an, zeichnen dieses haarklein durch und arbeiten sich so nach unten weiter. Dabei entstehen leicht perspektivische Verzerrungen und sonstige Fehler. Mithilfe der Strichmännchen kann man eine Figur in unterschiedlichen Posen zeichnen und dadurch diesen Fehler vermeiden. Die Grundform und Gelenkpunkte helfen dabei, die jeweils richtige Stellung von Rumpf und Extremitäten zueinander festzulegen. Am

besten übt man das auf einem Blatt, indem man unterschiedliche Strichmännchen in verschiedenen Posen zeichnet: Laufend, springend, sitzend, liegend, krabbelnd auf allen Vieren…

Wichtig ist es, bei wiederholt gezeichneten Figuren auf die Proportionen zu achten. Trickfilmer legen von ihren Figuren jeweils ein oder mehrere sogenannte »Model Sheets« an: Das sind Blätter, auf denen Größe und Proportion der Charaktere festgehalten und sie von allen Seiten und in verschiedener Mimik und Gestik abgebildet sind. Diese Model Sheets gelten allen am Film beteiligten Zeichnern als feste Vorgabe, von der nicht abgewichen werden darf.

Ganz so päpstlich muss es beim Comiczeichnen nicht zugehen, aber einen potenziellen Helden sollte man auf alle Fälle schon in verschiedenen Posen und Ansichten auf separatem Papier gezeichnet haben, bevor man sich an die Umsetzung einer Geschichte macht. Aber die Mühe lohnt sich: Mit der Zeit hat man sie dann richtig »drauf« und zeichnet sie so sicher, wie man seine Unterschrift auf das Papier haut.

HÄNDE

Das Zeichnen der Hände ist für viele Anfänger ein – wie sie glauben – schier unlösbares Problem. Zugegeben, einfach ist es nicht, aber wir sind hier ja auch nicht auf einem Kindergeburtstag, oder? Auch hier gilt die alte Zeichnerweisheit, die man genau genommen über jedes einzelne dieser Buchkapitel meißeln sollte: »Üben, üben, üben!«

Wie bekommt man diese komplizierte Einheit aus Handflächen und Fingern nun also auf ein Blatt Papier gebannt? Zum einen durch das Studium am Modell, das hat man

ja (kicher!) immer zur Hand! Schaut man sich seine Hände genau an, stellt man schnell fest: Der Handteller lässt sich in etwa auf eine Kreisform reduzieren. Daran schließen sich die Finger und – versetzt – der Daumen an. Die kann man alle prima wie Würstchen zeichnen. Mithilfe dieser Grundformen lassen sich Hände aus allen Blickwinkeln und Positionen darstellen.

Komplizierte Handstellungen kann man an der eigenen Hand ausprobieren und beobachten. Am besten legt man los und probiert eine Weile herum, auch wenn es nicht immer gleich ganz so aussieht, wie man sich das gedacht hat. Im Comic sehen viele Dinge nicht so aus wie in der Wirklichkeit, es kommt ja in der Hauptsache darauf an, dass der Leser weiß, was gemeint ist. Mit der Zeit geht einem dann auch das Zeichnen der Hände leichter von der (kicher!) Hand!

Beobachte in deinen Comics genau, wie andere Zeichner Hände zeichnen. Welche Kürzel finden sie? Was lassen sie einfach weg?

GESTIK

Wie schon erwähnt sind Comicbilder immer Momentaufnahmen. Die Gestik und die Körperhaltung einer Figur sollten also der jeweiligen Situation angepasst und optimal dargestellt werden. Nehmen wir an, unser Held hat gerade im Lotto gewonnen und freut sich. Der richtige Gesichtsausdruck ist klar, aber der Rest? Wie bei der Mimik gilt auch hier: Übertreibung ist angesagt! Der Leser muss gleich mitkriegen, was Sache ist.

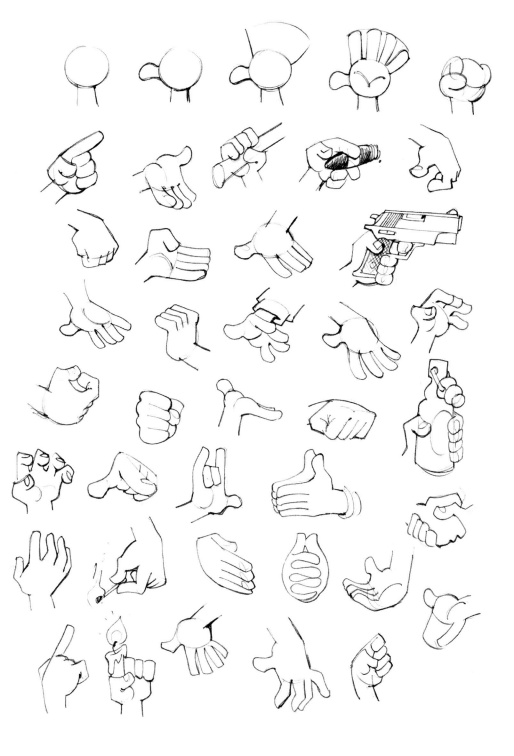

Sicher gibt es auch Menschen, die sich im stillen Kämmerlein bei einem Gläschen Leitungswasser mit einem Spritzer Limonade über einen geknackten Jackpot freuen können, aber im Comic sollte man diese Freude sehen! Unser Held hat also den Lottoschein in der Hand, reißt beide Arme jubelnd nach oben, die Fäuste sind geballt, dabei macht er einen Satz in die Luft und winkelt die Beine an. Sprechblase mit fetten Lettern: YEAH!!!

Das Gleiche gilt für andere Gemütsregungen. Beispiel: Eine Comicfigur hat die richtigen Zahlen getippt, aber den Schein nicht rechtzeitig abgegeben. Wütend springt sie buchstäblich im Quadrat und reißt sich die Haare büschelweise vom Kopf. Wenn sie sehr wütend ist, wächst ihr sogar ein Vulkan aus der Schädeldecke. Und wenn er dann so richtig in Zorn gerät, hebt er Flammen schlagend vom Boden ab wie die Apollo 1.

Die Gestik unterstützt also die Mimik einer Figur und verleiht ihr zusätzlichen Ausdruck. Trübsal unterstreicht man durch vornübergebeugte Körperhaltung und hängende Arme, Ratlosigkeit durch Kratzen an Kinn oder Kopf, Schreck durch eine »erstarrte Haltung« oder Hände, die vors Gesicht geschlagen werden usw.

Auch bei der Gestik ist dein schauspielerisches Talent gefragt. Wenn du nicht weißt, welche Gestik und Körperhaltung für die gerade zu zeichnende Situation die beste ist, dann stell dich einfach vor einen Spiegel und mach es mal vor! Die richtige Pose ist dann schnell gefunden und lässt sich zeichnerisch noch übertreiben.

CHARAKTERE

Schaut man sich einmal in einer Fußgängerzone um, sieht man Menschen über Menschen in all ihrer verwirrenden Vielfalt. Alte, junge, dicke, dünne, große, kleine,

Anatomie einer Comicfigur

Kinder, Erwachsene, Männer, Frauen – genau so vielfältig soll das Personal in einem Comic auch sein. Die Figuren müssen sich voneinander unterscheiden, und der Leser sollte die verschiedenen Typen gleich erkennen. Dabei greift man als Zeichner auf bestimmte wiederkehrende Merkmale zurück, die nach Belieben ausgeschmückt werden können.

Kinder haben einen im Vergleich zum Körper großen Kopf. Die zumeist großen Augen, die kleine Nase und der Mund liegen dicht beieinander im unteren Bereich des faltenfreien Gesichtes. Noch schnell die entsprechend jugendliche Frisur und angesagte Klamotten dazu gezeichnet – fertig!

Bei Erwachsenen sind die Gesichtszüge ausgeprägter. Markante Nase, Falten rechts und links von Nase und Mund (»Nasolabialfalten«), dazu vielleicht ein Bart oder eine Brille verleihen dem Antlitz das entsprechende Alter. Die Kleidung sollte je nach Rolle, Charakter und Beruf der Figur gewählt werden: ob Anzug, Arbeitszeug, Rock oder Kleid… Auch hier gilt: je eindeutiger, desto besser für das Leseverständnis.

Im Alter vertiefen sich die Gesichtszüge weiter: Die Nasolabialfalten sind inzwischen zu tiefen Furchen im Gesicht geworden, das Haar wird (vor allem bei Männern) spärlicher und grau, die Frisur konservativer (Dauerwelle, Dutt…). Kleidung, Accessoires und Körperhaltung unterstreichen das fortschreitende Alter: Anzüge, Kostüme, Lodenmäntel und Schals, Brille, Handstock oder Krücken, der Rücken wird krumm, die Figur geht vorneübergebeugt. Korpulente ältere Herrschaften bekommen ein Hohlkreuz.

einem die Zeichnung nach ihrer Begutachtung mit dem Satz »So eine dicke Nase habe ich doch gar nicht!« um die Ohren hauen.

Das Problem ist das Alter: Ältere Damen zu zeichnen ist relativ leicht, da dürfen es ruhig ein paar Falten im Gesicht und ein ungenauer Körperbau sein, das kann man leichter zeichnen. Auch dicke Frauen sind leicht. Bei jungen Frauen sollten die Proportionen stimmen. Die Karikatur ergibt sich meist aus dem verhältnismäßig großen Kopf auf einem kleineren, zierlichen Körper.

Der männliche Körperbau ist größer, breiter und schwerer als der weibliche. Das kann man sehr gut am Strichmännchengerüst sehen: Frauen haben breitere Hüften und schmalere Oberkörper. Der Schwerpunkt befindet sich im Bereich der Hüften.

Besondere Merkmale der verschiedenen Geschlechter sollten klar sein, oder? Wenn in einem Comic ein Mann mit Brüsten auftaucht, müsste das auch in der Geschichte schlüssig erklärt werden.

FRAUEN

Ein kompliziertes Thema, auch auf dem Zeichenbrett. Die Karikatur einer Frau zu zeichnen ist eine der schwierigsten Aufgaben, denen man sich als Comicmacher stellen kann. Wenn eine Frau einen bei Signierstunden oder ähnlichen Anlässen bittet, sie doch mal eben zu zeichnen: Vorsicht! Ganz dünnes Eis! Zu 98 Prozent wird sie

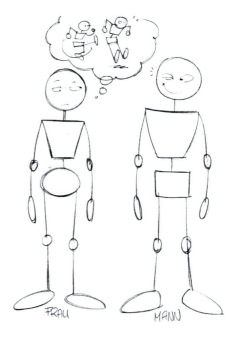

Anatomie einer Comicfigur

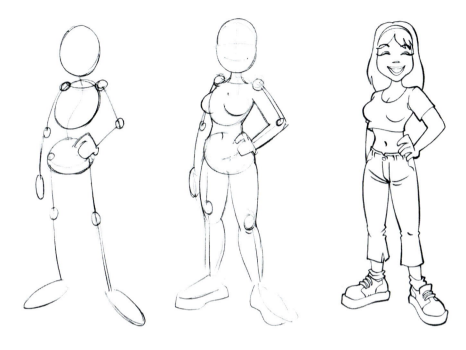

Die Gesichtszüge sind fein mit großen Augen, Stupsnase und vollen Lippen, der Kopf sitzt auf einem schmalen Hals. Hände und Füße sind fein und zierlich. Aber keine Angst: An Karikaturen von Claudia Kiffer oder Heidi Klump sind schon ganz andere Meister gescheitert.

Tipp! Schnapp dir ein paar Zeitschriften und schau dir die darin abgebildeten Menschen an. Versuche, das jeweils Typische einer abgebildeten Person zu erkennen und zeichne es ab. Ich weiß, das ist leicht gesagt, aber wie heißt es so schön: Üben, üben, üben!

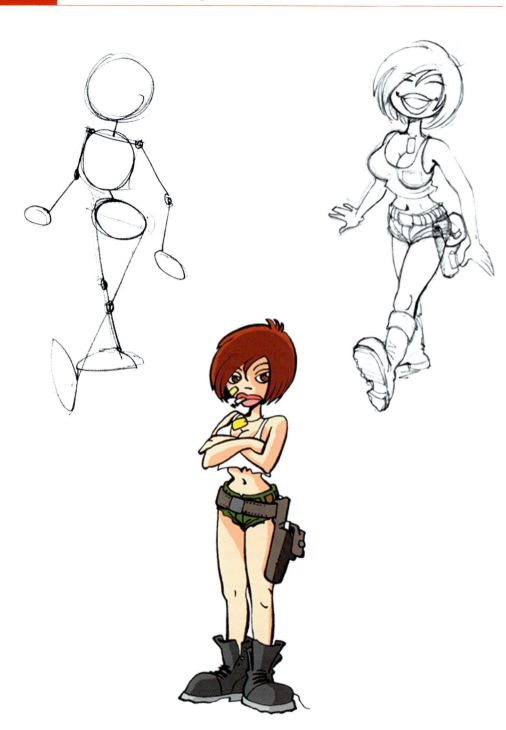

HINTERGRÜNDE

SZENERIE

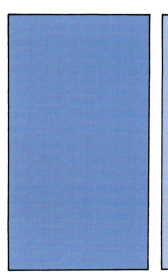

Hintergründe

Klar, die Figuren sollen in einem Comic nicht im leeren Raum agieren. Man braucht Kulissen wie beim Theater, um die Szenerie, den Spielort der Geschichte zu illustrieren. In vielen Studios teilen sich verschiedene Zeichner die Jobs auf: Einer ist für die Figuren zuständig, der andere zeichnet die Hintergründe. Aber bis man so weit ist, dass man sich Hintergrundassistenten leisten kann, dauert es zumeist ein Weilchen. Bis dahin muss man sich also selbst behelfen.

Wichtig ist bei der Anlage der Hintergründe vor allem, dem Leser durch Details den Ort einer Szene klar zu zeigen. Oft reichen dazu schon kleine Hinweise im Hintergrund aus. Spielt die Szene in einem geschlossenen Raum, reicht es manchmal, ein Bild hinten an die Wand zu hängen oder eine Tür anzudeuten. Draußen in der Natur zeichnet man dagegen eher einen Baum, in der Stadt vielleicht eine Häusersilhouette oder etwas Ähnliches. Auf keinen Fall sollte man sich in zu vielen Details ergehen! Schnell ist ein Panel überladen und der Leser hat Mühe, die Figuren optisch von dem ganzen Umfeld zu trennen.

Gerade bei Funnies hat man eh den Vorteil, dass man die Wirklichkeit nicht realitätsgetreu wiedergeben muss, sondern auch hier nur karikiert. Kommt alles nicht so drauf an. Hauptsache, die Dinge sehen ungefähr so aus wie in der Wirklichkeit und der Leser weiß, was gemeint ist.

Perspektive

Bleibt die Sache mit der Perspektive. Im Grunde genommen könnte man auch diese komplett ignorieren, so wie es Kinder tun. Die zeichnen einfach unbekümmert drauf los (Eine gesunde Einstellung zum Zeichnen!) und meistens erkennt man auch ohne große Erklärung, was sie da zu Papier gebracht haben. Problematisch wird es erst,

Nach hinten kleiner werdende Figuren geben der Zeichnung Tiefe.

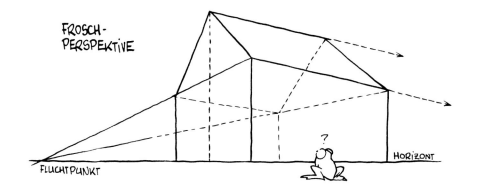
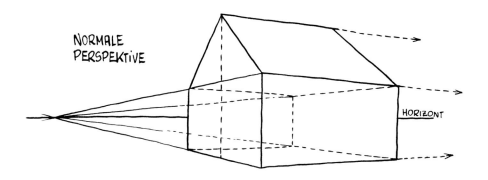
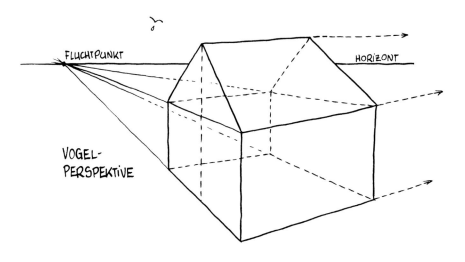

Perspektivwechsel

wenn die Kinder feststellen, dass ihre Zeichnung nicht mit der Realität übereinstimmt, sie also perspektivische Fehler in ihrem Werk entdecken.

Hier soll nur kurz auf das Thema eingegangen werden, weil es zum perspektivischen Zeichnen bereits viele hilfreiche Bücher gibt, die man zu Rate ziehen kann – das Problem stellt sich ja nicht nur beim Comiczeichnen! Ganz allgemein muss man wissen, dass bei der Perspektive eine Vielzahl von waagerecht, senkrecht oder diagonal verlaufenden Linien einem bestimmten System folgen müssen, um auf dem zweidimensionalen Zeichenblatt den Eindruck von Dreidimensionalität entstehen zu lassen. Zu beachten sind Dinge wie Horizont, Fluchtpunkt(e), Schattenwurf und vieles mehr. Die Perspektive zeigt den Standpunkt an, von dem aus der Bildbetrachter sich eine Szene anschaut.

Es gibt die normale Perspektive: Hier steht der Betrachter mit dem Geschehen quasi auf Augenhöhe. In der Froschperspektive schaut er vom Boden aus nach oben, die Vogelperspektive bietet eine Ansicht von oben nach unten. Wie erreicht man diese unterschiedlichen Sichtweisen? Es kommt vor allem darauf an, wo man im Bild die Horizontlinie einzeichnet. Horizont im mittleren Bereich: normale Perspektive. Im unteren Bereich: Froschperspektive, im oberen Bereich: Vogelperspektive.

Ein Wechsel der Perspektive kann einer Geschichte zusätzliche Dynamik verleihen und Szenen dramatisch hervorheben, allerdings sollte man auch dieses Stilmittel nicht überstrapazieren.

SPRECHBLASEN
Text • Lettering

Sprechblasen

Sprechblasen sind das typische Ausdrucksmittel im Comic. Sie transportieren den Text und können darüber hinaus auch Aufschluss über die Gemütsverfassung der sprechenden Figur geben.

Im Prinzip sieht eine Sprechblase so aus: In der meist geschlossenen runden oder ovalen Form befindet sich der Text, der Pfeil unten deutet auf die Figur im Bild, welche den Text spricht. Schreit die Figur los, zeichnet man die Sprechblasen mit scharfen Zacken und zackigem Pfeil. Gedankenblasen sehen meistens wie Wolken aus, der Pfeil wird durch ein paar kleine Kreise oder Bläschen ersetzt. Deutet ein Sprechblasenpfeil an den Bildrand, also aus dem Bild heraus, ist das eine Stimme aus dem »Off«, die Figur ist also gerade nicht im Bild zu sehen. Eine Sprechblase mit Pfeilen zu mehreren Figuren bedeutet: Hier sagen gleichzeitig mehrere Personen dasselbe – wie im Chor. Mit der grafischen Form der Sprechblase lässt sich auch gut spielen: Äußert sich eine Figur betont abweisend und kaltherzig, zeichnet man die Sprechblase mit Eiszapfen am unteren Rand. Vor Angst schlotternde Personen sprechen mit zittrigem Blasenrand. Übertriebene Freundlichkeit zeichnet sich durch Blümchen in der Sprechblase aus. Der Spielfreude sind hier keine Grenzen gesetzt.

Eine Sprechblase sollte nie zu viel Text enthalten. Mehr als vier oder fünf Zeilen Text in einer Blase gelten in Fachkreisen bereits als eine abgeschlossene Kurzgeschichte. Wenn tatsächlich mal eine Figur mehr als nur ein oder zwei Sätze zu sagen hat, verteilt man den Text besser auf mehrere Sprechblasen, eventuell sogar auf mehrere Bilder. Ausnahme: Die Darstellung eines notorischen Schwätzers. Hier kann man eine Riesenblase randvoll mit Text packen.

Wie werden die Sprechblasen angeordnet? Ganz einfach: Es muss immer klar sein, welche Person was von sich gibt. Zu beachten ist dabei unbedingt die Leserichtung: Der zuerst gesprochene Text muss natürlich in

der ersten Blase im Bild zu lesen sein, die Antwort dann rechts (in einem Manga links) daneben. Dem entsprechend sollten die Figuren in das Bild gesetzt werden, also derjenige, der zuerst redet, steht links (in einem Manga rechts), der Antwortende dann rechts (in einem Manga links) daneben. So vermeidet man einen Kapitalfehler: sich kreuzende Sprechblasenpfeile, die den Leser nur unnötig verwirren würden. Die Sprechblasen dürfen weder wichtige Details im Bild noch andere Personen verdecken. Erzähltext wird in Kästchen gesetzt.

Lege dir am besten eine Layoutskizze von der Seite an, bevor du loslegst! In der kannst du planen, welche Figur was wann sagt und wo welche Textblase platziert werden muss.

Lettering

Der Begriff »Lettering« kommt aus dem Englischen und beschreibt das Einsetzen des endgültigen Textes in die Sprechblasen und Textkästen. Früher wurden in Deutschland fast alle Comics in maschinellem Satz gelettert, was natürlich entsprechend langweilig aussah. Irgendwann setzte sich dann aber auch bei uns das Handlettering durch: Der Text wurde, wie der Name schon sagt, per Hand in die Sprechblasen geschrieben. Wahre Meister gibt es in dem Fach: Michael Hau, Dirk Rehm oder Gerhard Förster zum Beispiel haben nicht nur eine extrem saubere Handschrift, sondern sind auch in der Lage, das Lettering der französischen oder amerikanischen Künstler für die deutsche Ausgabe perfekt zu imitieren. Um Geld zu sparen, greifen viele Verlage inzwischen allerdings vermehrt auf sogenannte

Comicfonts zurück. Das sind digitalisierte Handschriften, mit denen die Comics am Computer gelettert werden können. Vielfach kann man sich solche Fonts sogar umsonst im Internet herunterladen, allerdings sind viele der gratis angebotenen Schriften von minderer Qualität.

Hier soll es aber um das Handlettering gehen. Es ist ein typischer Anfängerfehler, wenn Zeichner mitten im Schreiben feststellen, dass eine Sprechblase viel zu klein für den Text ist, den sie dort unterbringen wollten. Das vermeidet man so: Zuerst den Text sauber in das Bild eintragen und danach die Sprechblase drum herumziehen! Einfach, oder?

> 1. LINIEN ZIEHEN
> 2. TEXT LETTERN
> 3. BLASE DRUM RUM

Schon in der Vorzeichnung sollte der Text mit angelegt werden, um die Bildaufteilung besser planen zu können. Damit die Textzeilen in der Sprechblase nicht wie ein Segelboot bei Windstärke 8 auf und nieder tanzen, empfiehlt es sich, vorher Hilfslinien mit Geodreieck und Bleistift zu ziehen. Auch sollte der komplette Text in Bleistift vorgeschrieben werden. So sieht man genau, wie viel Platz der einzelne Textblock benötigt und kann das Schriftbild zur Not noch ändern. Mit der Zeit und viel Übung geht es dann später auch ohne Vorschreiben, aber die Sache mit den Hilfslinien sollte immer beibehalten werden.

Beim Festlegen der Schriftgröße muss unbedingt auf die Lesbarkeit geachtet werden. Die meisten Comics werden größer als das spätere Druckformat gezeichnet, daher muss auch das Lettering im Original entsprechend größer angelegt werden.

Gelettert wird normalerweise mit einem Fineliner oder einem Tuschefüller, den es in verschiedenen Strichstärken gibt und der üblicherweise von technischen Zeichnern und Architekten benutzt wird. Diese Teile sind nicht ganz billig.

Mit dem Lettering lässt sich auch unter anderem »Lautstärke« darstellen: Laut gesprochene oder gar gebrüllte Textpassagen werden mit fetten Lettern in die Sprechblase gesetzt, Flüstern in besonders kleinen Buchstaben.

Und so machen es die Amerikaner: Sie nehmen einen Bogen Transparentpapier in der Größe der Originalseite zur Hand und legen ihn darüber. Die Originalseite ist komplett fix und fertig durchgezeichnet und konturiert, es fehlt lediglich der Text. Dieser wird nun auf dem Transparentpapier angelegt, und zwar nach dem oben beschriebenen Prinzip. Vorteil: Wenn aus dem Comic ein internationaler Megaseller wird – und davon sollte man beim Zeichnen ja immer ausgehen ☺ – ist die Seite komplett ohne Text verfügbar. So haben ausländische Verlage es leichter, die Übersetzung in ihrer jeweiligen Landessprache hineinlettern zu lassen.

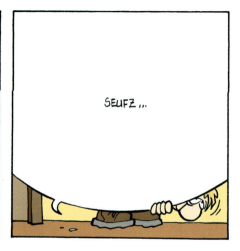

Turbokotzen bei Leichenwäscher Karl

Lautmalerei

»PÄNG!«, »BONG!«, »BAF!«, »ZOIIING!«, »RUMPEL!«, »KNATTER!«, »WUMM!« oder »GAWWW!« sind lautmalende Geräusche, im Fachchinesisch Onomatopöien genannt. Kein Comic kommt ohne diese Pengwörter aus. Natürlich werden die aber nicht nur einfach irgendwie ins Panel geschrieben, sondern richtig gezeichnet.

Von diesen Lautmalereien gibt es jedenfalls Unmengen, und besonders viel Spaß macht es, sich neue Varianten auszudenken. Ein bis heute unangefochtener Meister in dieser Disziplin ist der legendäre »MAD«-Zeichner Don »Faba-Dab-Zap« Martin.

Mit diesen Effekten sollte man aber nicht die ganze Story zuballern, das wirkt schnell öde. Wichtig ist, das Wort so zu zeichnen, dass es zum Geräusch passt. Bei einer Explosion etwa sind dann die Konturen der Buchstaben zackig und eingerissen, das »WROARRR!« eines vorbeirauschenden Sportwagens ist in Fahrtrichtung geneigt um den Eindruck von Geschwindigkeit zu erhöhen.

Explodierender Bolide im Schumi-Comic

Speedlines

»Speedlines« sind Linien, die Bewegung darstellen sollen. Sie sind in der Bildersprache der Comics ebenfalls unverzichtbar, weil sich das gezeichnete Bild im Gegensatz zum Film nun einmal nicht wirklich bewegen kann. Die Speedlines setzen Figuren und Gegenstände trotzdem in Bewegung und geben ihnen den nötigen »Drive«. Sie zeigen auch die Richtung an, in die sich etwas oder jemand bewegt. Und dann geben sie noch Aufschluss über die Geschwindigkeit. Wahnsinn!

Nimm dir mal einen Stapel alte Comics vor und schau dir darin die Actionszenen ganz genau an. Es gibt unendlich viele Varianten, wie man mit Speedlines und Pengwörtern arbeiten kann.

Durch Verzerrungsfilter (Photoshop) verstärkt sich die Wucht der Explosion in Bild drei.

EIN COMIC ENTSTEHT

»Ich zeichne Comics!« – Das hört sich immer so cool und einfach an, ganz nach dem Motto: »Wieder so ein #§$%&! -Typ, der seine Kohle im Schlaf verdient«. Mitnichten, Ladies and Gentlemen! Das hat auch was mit harter Arbeit zu tun, denn um einen Comic herzustellen, bedarf es einer ganzen Reihe von Arbeitsschritten.

In Amerika, aber auch in vielen Comicstudios in Europa, geht man bei der Entwicklung eines Comics arbeitsteilig vor. Für jeden Schritt gibt es eigene Fachleute. Am Anfang steht der Texter. Er denkt sich eine Geschichte aus und bringt sie zu Papier. Diese gibt er dem Vorzeichner, der die »Pencils« macht, das heißt die ganze Sache in Bleistift vorzeichnet.

Die Seiten werden dann an den Tuscher, »Inker« genannt, weitergereicht. Ist auch der mit seiner Arbeit fertig, setzt der »Letterer« den Text in die Sprechblasen ein. Dann noch rasch die Farbe vom »Koloristen« drauf, und fertig ist der Lack! Der Lektor oder Redakteur des Verlages schließlich überwacht und steuert den ganzen Schaffensprozess. Ganz einfach, oder?
Aber beginnen wir von vorn:

Idee und Story

Da wäre zunächst einmal die Idee. Sie steht naturgemäß immer am Anfang eines schöpferischen Prozesses. Und hier sind wir auch gleich bei einer der Kernfragen des Comiczeichnens angelangt: Wie kommt man eigentlich auf immer neue Ideen?

Wichtig ist es auf jeden Fall, mit offenen Augen durch die Welt zu gehen. Es gibt massenweise gute Themen. Ist es nicht so, dass um einen herum tagtäglich die merkwürdigsten Sachen geschehen? Auch ein Blick in Presse und Fernsehen kann zuweilen hilfreich sein. Man sollte auf jeden Fall immer ein kleines Notizbuch und einen Stift

dabei haben, um sofort jede Idee, die einem kommt, festhalten zu können.
Eine andere Möglichkeit der Ideenfindung ist das Zeichnen an sich. Man setzt sich hin und zeichnet drauflos: Figuren, Orte, Situationen, ganz egal – was einem eben gerade so einfällt. Oft zeigt sich dann schnell, wohin die Reise gehen könnte. Aus gekritzelten Männchen entwickeln sich Charaktere, denen man Namen verpasst und sie in eine spannende oder lustige Umgebung setzt. Bums! Der Anfang ist getan.

Natürlich gibt es auch mal Tage, da will und will einem einfach nichts einfallen. Das ist aber auch kein Grund, das Zeichnen gleich wieder an den Nagel zu hängen. Man kann dann auch methodisch vorgehen, mittels

»Brainstorming«. Hört sich voll wichtig an, ist aber in der Tat eine recht hilfreiche Möglichkeit, sich eine Idee zu erarbeiten: Man nimmt sich eine Zeitung oder Illustrierte zur Hand und blättert sie nach interessanten oder ungewöhnlichen Stichworten durch. Aha, da steht was über ein Tätowierstudio? Man nimmt sich also einfach mal das Stichwort »Tätowieren« und schreibt es in die Mitte eines weißen Blattes Papier. Was fällt einem nun zu diesem Stichwort ein? Tätowiermaschine, Schummerlicht, Totenkopf, Hügelkreuz, Käsekästchen-Spiel, Achselschweiß, Landkarte, Seemann… Ganz egal, wie abwegig es einem auch im ersten Augenblick erscheinen mag: Man schreibt das alles um das Wort Tätowieren herum. Von diesen Begriffen ausgehend sucht man sich nun wiederum den besten oder originellsten aus und verfährt auf die gleiche Weise. Welches der neuen Stichwörter erscheint besonders interessant?

Man kreist auch das wieder ein, und weiter geht's. Wieder alles aufschreiben, was einem zu diesem Stichwort einfällt. Mit den sich daraus ergebenden Stichworten verfährt man auf die gleiche Weise, und immer so weiter. Mit etwas Glück und ein wenig Übung kann man so auf Ideen für einen Cartoon oder eine Geschichte kommen.

Und wenn es mal nicht hinhaut mit dem ersten Stichwort, versucht man es eben noch mal mit einem anderen!

Schaff Dir ein Notizbuch an! Das solltest du immer bei dir tragen, um spontane Ideen gleich festhalten zu können, bevor sie sich wieder verflüchtigen.

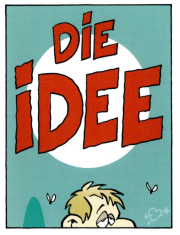

Drehbuch

Ist die Idee für eine Geschichte geboren, wird sie zunächst einmal als Exposé, das heißt in einer kurzen, groben Zusammenfassung, niedergeschrieben. Hier wird festgelegt, ob es eine Story über eine Seite, über zehn oder gar ein Album (48 Seiten oder mehr) werden soll. Die Betonung liegt hierbei auf KURZ!

Selbst bei einem Album sollte sich die Geschichte auf einer DIN A4-Seite zusammenfassen lassen, denn wenn man das Exposé mit Probezeichnungen einem Verlag vorstellen will, muss es eh kurz und knapp ausfallen. Verleger, Lektoren und Redakteure sind nämlich alle stinkfaul, und keiner von denen hat Bock darauf, sich durch seitenlanges Geschreibsel zu quälen.

Anhand des Exposés überlegt sich der Zeichner den bildlichen Ablauf der Story. Die ersten Seiten dienen der Einführung der Figuren und der Darstellung der Ausgangssituation: Wo spielt die Geschichte? Wer sind die Akteure und wer ihre Gegenspieler?

Eine gute Sache ist eigentlich immer ein sogenannter »Sidekick«. Das ist die (meistens komische) Figur an der Seite des Helden, der er seine Gedanken mitteilen kann. So erfährt der Leser auf elegante Weise, was unser Held als Nächstes plant, ohne dass er in peinliche Monologe verfallen muss. (Berühmte Sidekicks sind etwa Obelix für Asterix, Jolly Jumper für Lucky Luke, Kapitän Haddock für Tim oder Robin für Batman.)

Nun geht es darum, die Figuren mit Leben zu erfüllen, ihnen also einen richtigen Charakter zu geben. Der Held ist ja meistens positiv besetzt, stark und klug – also irgendwie langweilig. Daher sollte man dem Sidekick ein paar schräge Eigenschaften (menschliche Schwächen) andichten: Er ist vielleicht verfressen, aufbrausend, leicht beleidigt, schwer von Begriff... Das sind dann die Dinge, die der Story die nötige Würze verleihen.

Wichtig bei der weiteren Planung: Immer den Seitenumfang im Kopf behalten, den das Ganze bekommen soll. Der gezeichnete Comic braucht wesentlich mehr Raum als das Skript. Also macht man als Nächstes

Splash Panel

ein Seitenlayout. Jede einzelne Seite wird jetzt durchgeplant: Wo passiert was, wie viele Bilder braucht man jeweils auf einer Seite? Wie groß sollen die Bilder jeweils sein? Diese Arbeit übernimmt in der amerikanischen Comicindustrie der Vorzeichner. Wir haben ja bereits gelernt, dass Comics nicht von vorneherein mit schwarzem Stift durchgezeichnet, sondern zunächst mit einem Bleistift vorskizziert werden. Der Vorzeichner macht anhand des Drehbuches die Seitenlayouts und legt die Größen der einzelnen Bilder fest. Ein Comic beginnt gerne mit einem großen Bild, dem sogenannten »Splash Panel«, um dem Leser den Einstieg in die Geschichte zu erleichtern. Wo spielt das Ganze? Wer macht mit? Worum geht's? In einem großen Einstiegsbild hat man genügend Platz, um all diese Dinge darzustellen. Meistens gibt es dazu dann auch noch ein Textkästchen: »Nachts in Gotham City. Die Stadt schläft, nur ein Mann wacht über Recht und Gesetz ... «

Ganz anders sieht die Sache beim Zeitungscomic aus. Der umfasst in der Regel nicht mehr als drei bis vier Bilder. Hier von einer richtigen Geschichte zu sprechen, wäre übertrieben. Es geht lediglich um eine kurze Sequenz, die Darstellung einer Situation, die in eine überraschende Pointe mündet.

Verliere dich nicht in langatmigem Gelaber, sondern versuche nach Möglichkeit, auf den Punkt zu kommen, um den es in deiner Story geht! In der Kürze liegt bekanntlich der Hase im Pfeffer.

Professionelle Texter nehmen dem Zeichner die Arbeit der Seitenplanung zum Teil ab und liefern ihm detaillierte Angaben über die Geschichte in einem sogenannten Drehbuch. Wie ein solches Drehbuch aussieht?

Im Prinzip nicht anders als die Dinger beim Film. Seite für Seite und Bild für Bild wird alles kurz beschrieben. Wo spielt die Handlung? Wer ist im Panel zu sehen? Wie lautet der Dialog?

Da steht dann also zum Beispiel:

Unser Schumi

Seite 1

Bild 1
Halbe Seite: eine romanische Villa mit Swimmingpool auf einem Hügel über dem Meer. Im Hintergrund eine Stadtsilhouette mit Hochhäusern usw. Das Grundstück ist von einer Mauer umgeben und wird von einer Schar Paparazzi belagert.
Auf einem Ast sitzen zwei Vögel, einer mit einem silbernen, einer mit rotem Rennfahrerhelm. Der mit dem roten Helm zeigt den Schumidaumen.

Text 1: (Erzähler) Es ist Frühling. Die ersten Sonnenstrahlen eines neuen Tages küssen das Anwesen von unserem Schumi, welches sich hoch über dem Mittelmeer idyllisch und ruhig an die Hügel von Monaco schmiegt.

B2: Die beiden Vögel fliegen ein Rennen aus. Der Vogel mit dem silbernen Helm liegt vorn. Der rote versucht zu überholen.

B3: Der rote Vogel ist fast an dem silbernen vorbeigezogen.

B4: Der silberne Vogel kriegt die Kurve, während der rote gegen eine Fensterscheibe ballert und nach unten aus dem Bild fällt. Es macht ein dumpfes "BUMP".

B5: Wir sehen Ralf im Pyjama in einem großen Sandhaufen aus dem Schlaf hochschrecken, weil der kleine Vogel gegen seine Scheibe geflogen ist.
T5 (Ralf): Hä?!?

B6: Ralf steht aus seinem Kiesbett auf und hält sich den schmerzenden Rücken. Er ist ganz und gar kein Frühaufsteher.
T6 (Ralf): Oargh... dieses Kiesbett macht mich fertig.

Seite 2

... usw.

Manche Kollegen wollen tatsächlich alles haarklein aufgedröselt haben, um sich ausschließlich auf das Zeichnen konzentrieren zu können. Andere wiederum pfeifen auf ein genaues Drehbuch und entwickeln die Geschichte anhand eines groben Exposés einfach beim Zeichnen weiter. Ganz abgesehen davon gibt es auch eine ganzen Reihe von Zeichnern, die gänzlich ohne Vorgabe loslegen und die Story spontan von Bild zu Bild weiterstricken. Den meisten reicht oftmals der Storyverlauf mit Dialogen. Die jeweiligen Bildeinstellungen sind dann nicht zwingend vorgeschrieben, sondern dem Freiraum des Zeichners überlassen.

Vorzeichnung/ Seitenlayout

Doch weiter in den Arbeitsschritten. Endlich sind wir da angelangt, wo wir von Anfang an hin wollten: beim Zeichnen der Comicseite. Das Drehbuch liegt vor, Layout ebenfalls, nun geht es an die Vorzeichnung der Seite.

Zu diesem Zeitpunkt sollte bereits feststehen, in welchem Format der fertige Comic gedruckt werden soll: Album, Taschenbuch, Heftformat oder Piccolo-Heftchen. Beim klassischen Album gibt es meistens vier Panelreihen, Taschenbuch oder Heft haben zumeist zwei oder drei, ein Piccolo-Heftchen nur eine Bildreihe pro Seite. Das Ganze macht man am besten auf einem Schmierblatt, zeichnet grob die Seite darauf und teilt diese dann in Panelreihen und kleinere und größere Panels auf, je nachdem wie es für die Handlung laut Drehbuch erforderlich ist. Die Position der Figuren wird festgelegt, dazu der Platz für die Sprechblasen grob eingezeichnet. Wichtig: Bei Dialogen die zuerst sprechende Figur möglichst in den linken Teil des Panels einsetzen, die antwortende Figur dann rechts (bzw. bei einem Manga natürlich wieder genau umgekehrt). So vermeidet man sich überlappende Sprechblasenpfeile und somit Verwirrung beim Leser.

Jetzt wird es spannend: Es folgt die Vorzeichnung, wieder auf einem neuen Blatt. Die Blattgröße richtet sich nach dem geplanten Druckformat: Wichtig ist, immer möglichst mindestens ein DIN-Format größer als das Druckformat zu nehmen. (Siehe dazu die Ausführungen zum Thema Papier.) Die Seitenränder werden eingezeichnet (etwa 1,5 bis 2,5 cm vom Blattrand) und dann die endgültigen Bildgrößen festgelegt. Hierbei sind Geodreieck und Lineal hilfreich. Achtung: Den Raum zwischen den einzelnen Bildern nicht vergessen, damit diese nicht direkt aneinanderstoßen!
Ich lasse da in der Regel 0,5 cm Platz. In japanischen Manga wird der Platz zwischen

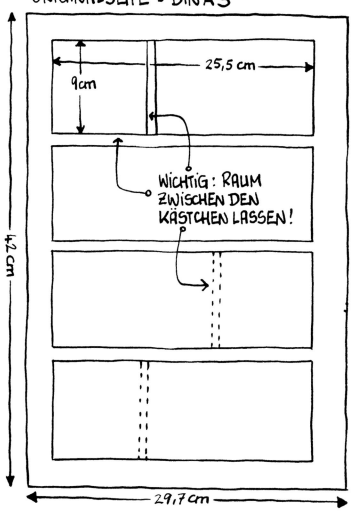

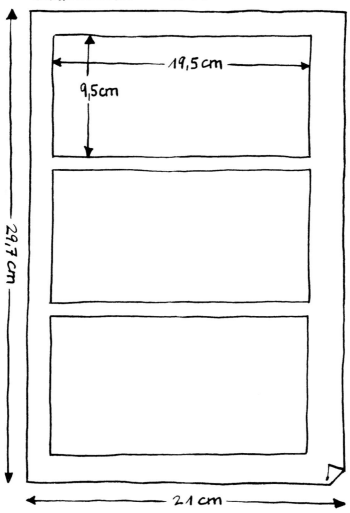

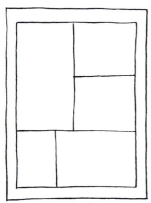

SO KANN MAN EINE SEITE EINTEILEN...

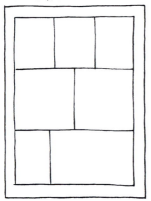

ODER SO...

ODER SO... ODER GANZ ANDERS - JE NACH BEDARF.

den Bildzeilen in der Waagerechten breiter angelegt als zwischen den einzelnen Bildern innerhalb der Zeile in der Senkrechten, um die Leserichtung noch deutlicher zu machen. In aktionsreichen Szenen kann dieser Trick auch bei ganz normalen Comics hilfreich sein.

Um die Seite grafisch spannend zu gestalten, sollten die Panelgrößen variieren, große und kleine, hochkant und quer sich abwechseln, dazwischen vielleicht mal (z.B. bei einer Nahaufnahme) ein rundes Panel setzen oder mit diagonalen Bildrändern arbeiten. Nach dieser Geometriearbeit kann es dann aber wirklich losgehen. Die Story wird Bild für Bild mit Bleistift vorgezeichnet. Szenerie, Figuren und Sprechblasen werden platziert.

Wichtig bei Sprechblasen: Schreibe den Text zuerst mit Bleistift und schon in der richtigen Größe in die Bilder und ziehe erst danach die Blase um ihn herum. So wird sofort klar, wie groß sie ausfallen muss.

Reinzeichnung

Nachdem die Seite komplett in Bleistift vorliegt, werden die endgültigen Konturen mit einem schwarzen Stift nachgezogen. Die

Amerikaner nennen diesen Arbeitsschritt »Inking« (engl.: Ink = Tusche). Zur Wahl der möglichen Konturwerkzeuge und Stifte wurde ja bereits im Kapitel »Werkzeuge« alles nötige gesagt, daher hier nun ein paar Sätze zur Technik.
Wenn die Vorzeichnung durch ständiges Korrigieren, Überzeichnen und Radieren arg ramponiert ist, wird es schwierig, auf dem selben Blatt mit dem Konturstift zu arbeiten. Hier empfiehlt es sich, ein neues Blatt zu nehmen und die Bleistiftzeichnung darauf zu übertragen. Entweder man schnappt sich einen Bogen Transparentpapier, legt ihn über die Vorzeichnung und paust diese Strich für Strich durch, oder man arbeitet

mit einem Leuchttisch. Vorteil des Leuchttischs: Man kann auch andere Papiersorten für die Reinzeichnung verwenden (Zeichenkarton, Aquarellpapier, usw.), je nachdem, ob und wie koloriert werden soll.

Und nachdem die Farbgebung dann auch erfolgt ist, blickt man plötzlich fassungslos auf die Comicseite und stellt fest: Hey, das Ding ist… FERTIG!

FERTIG! UND NUN?
AUF VERLAGSTOUR

Fertig! Und nun?

Veröffentlichung

Viele Wochen, etliche Bleistifte, Radiergummis, Tipp-Ex-Flaschen, Skizzenblöcke und Liter Kaffee später ist es dann soweit: Der Comic ist rund! Ein komplettes Album, 48 Seiten oder was auch immer liegen da ausgebreitet auf dem Fußboden. Den Tränen nahe sammelt man die Früchte der entbehrungsreichen Arbeit zusammen und fragt sich: »Und nun? Was mache ich jetzt damit?«

Die erste Möglichkeit: Nun wird ein Verlag gesucht. Adressen holt man sich aus dem Branchenbuch, aus Comiczeitschriften oder aus Büchern wie diesem hier, also los!

Ab in den Copyshop und den Comic nebst Titelbild in ausreichender Anzahl kopieren, denn das Original sollte man tunlichst bei sich behalten. Wenn das verloren gehen würde… nicht auszudenken! Ich würde, um Geld zu sparen, nur Auszüge kopieren: Das Cover, die ersten paar Seiten und solche, die man darüber hinaus für besonders gelungen hält. Danach beim örtlichen Schreibwarenladen einkehren und Schnellhefter oder ähnliche Mappen besorgen.

Zuhause werden dann die Bewerbungsmappen gebastelt. Dazu ein freundliches Anschreiben und ab die Post an die Verlage. Buchmanuskripte schickt man üblicherweise an den zuständigen Lektor eines Verlages. Wenn man keinen Namen recherchieren konnte, schreibt man zu der Verlagsanschrift noch das Wort »Lektorat« hinzu, das sollte hinhauen.

Bei richtig guten Verlagen – wie zum Beispiel Carlsen Comics ☺ – solltest du ruhig schon deine Bewerbungsmappe einsenden, bevor du den ganzen Comic durchzeichnest. Ein oder zwei Seiten mit der Idee für deine Geschichte, Zeichnungen der wichtigsten Figuren und drei bis vier Comicseiten reichen völlig aus, um herauszufinden, ob sich ein solcher Verlag für dein Projekt interessiert. Diese Vorgehensweise erspart dir unnötigen Frust und ermöglicht es zudem, gegebenenfalls noch das eine oder andere Detail in Rücksprache mit deinem Lektor zu verändern, falls dies aus irgendwelchen Gründen nötig sein sollte. Nähere Infos dazu enthält die Broschüre »Tipps für angehende Comicstars«, die man bei Carlsen Comics bestellen kann.

Nun heißt es erst mal: abwarten und Tee trinken. Auch wenn es lange dauert – in der Regel melden sich die Verlage zurück. Sicher kann man auch mal telefonisch (oder per E-Mail) beim Verlag nachfragen, aber dabei sollte man nicht zu penetrant sein, das könnte nach hinten losgehen. Diplomatie und Fingerspitzengefühl sind hier gefragt.

Zweite Möglichkeit: auf Messen (Comicsalon Erlangen, Buchmesse Frankfurt oder Leipzig, Comic Action Essen…) persönlich bei den Comicverlagen mit der Mappe vorstellig werden. Da sind meist alle großen (und auch die kleineren) Verlage anwesend. Hilfreich ist ein Termin, den man schon mal im Vorfeld per Telefon festgelegt hat. Bei einigen Verlagen gibt es aber auch »Mappen-Nachmittage« (so nenne ich die jetzt mal), bei denen Nachwuchszeichnern die Gelegenheit gegeben wird, ihre Arbeiten vorzustellen.

Bei solchen Treffen stellt man (falls einem das vorher noch nicht klar war) schnell fest, dass in Deutschland jede Menge Zeichner mit Mappen unter dem Arm herumlaufen – die Konkurrenz ist also groß. Davon sollte man sich aber keineswegs entmutigen lassen – im Gegenteil. Gerade das Treffen mit anderen Zeichnern, das gegenseitige Begutachten und Beurteilen der Arbeiten kann doch sehr lehrreich sein. Hierbei findet man

Antworten auf Fragen wie: Wo stehe ich in meiner zeichnerischen Entwicklung? Was kann ich anders oder besser machen? In jedem Fall ist eine solche Messe ein gutes Forum, bei dem man jede Menge Gleichgesinnte trifft und neue Kontakte knüpfen kann.

Dritte Möglichkeit: Fanzines. Das sind teils sehr anspruchsvolle Comichefte und Magazine, die in kleineren Auflagen und nur zum Selbstkostenpreis produziert und in der deutschen Fanszene gehandelt werden. Viele bekannte Zeichner haben in Fanzines ihre Karriere gestartet: Walter Moers (»Das kleine Arschloch«), Ralf König (»Konrad und Paul«) und Haggi (»Der Hartmut«) sind nur einige von ihnen. Nachteil: Honorare werden hier meistens nicht gezahlt, aber man hat eine gute Veröffentlichungsmöglichkeit und kann seine Arbeiten so einem breiteren Publikum vorstellen als nur der eigenen Familie.

Natürlich kann man auch gleich seine eigenes Fanzine machen! Hat man genug Material für 20 bis 30 (oder mehr) Seiten? Kennt man andere Zeichner, die ebenfalls die Schublade voller Arbeiten haben? Prima! Warum also nicht selbst ein Heft machen? Copyshops, in denen man kleine Auflagen herstellen kann, gibt es heutzutage an jeder Ecke.

Eine Bemerkung zur Auflagenhöhe bei eigenen Fanzines: Auf keinen Fall schon gleich zum Start zu hoch ansetzen! Besser ist es da, vorher mal abzuchecken und zu überschlagen, wie viele Interessenten es für das Heft geben könnte, und danach dann die Auflagenhöhe festlegen. Nachdrucken kann man immer noch.

Oder man schafft sich ein eigenes Präsentationsforum im Internet: Eine Homepage mit Comics kommt immer gut und wird von Internetnutzern auf der Suche nach Unter-

haltung gerne angesurft. Das Ganze ist kostengünstig und wesentlich leichter auf dem neuesten Stand zu halten als ein Fanzine, das nur alle paar Monate in kleiner Auflage erscheint. Auf www.kim-cartoon.com gibt es darüber hinaus die Möglichkeit, Werke in einer Fan-Galerie vorzustellen.

Vierte Möglichkeit: Man sieht sich nach weiteren Veröffentlichungsmöglichkeiten um. Gibt es im eigenen Ort ein Wochenblatt oder eine Anzeigenzeitung, die bisher noch keinen Comic hat? Da kann man doch gleich mal mit seinen Sachen vorstellig werden! Achtung: Solche Zeitungen arbeiten professionell, hier muss ein Honorar herausspringen. Wie sieht es mit dem Mitteilungsblatt des lokalen Sportvereins aus? Platz für einen Comic haben die doch sicher. Honorar gibt es hier wahrscheinlich keines, aber durch Veröffentlichungen dieser Art steigert man auch seinen Bekanntheitsgrad in der Region. Und dann kann es schon mal passieren, das plötzlich der örtliche Kaufmann anruft und fragt, ob man nicht eine Illustration für seinen nächsten Werbeflyer oder seine Internetseite anfertigen kann.

NICHT LINKEN LASSEN!
RECHTSFRAGEN

Rechtsfragen

Leider kommt man als Comiczeichner nicht drum herum, sich auch mit dieser Thematik zu befassen. Die meisten Zeichner, die ich kenne, arbeiten als freischaffende Künstler, sind also selbständig. Nur wenige stehen in einem festen Arbeitsverhältnis. Dinge wie ein geregeltes Einkommen, Anspruch auf drei Wochen Urlaub im Jahr oder ein dreizehntes Monatsgehalt kommen im Sprachschatz des Freischaffenden eigentlich gar nicht vor. Auch mit der Krankenversicherung läuft es anders als bei normalen Menschen: Ab einem bestimmten Jahresumsatz (der recht niedrig angesetzt ist) kann man sich bei der Künstlersozialkasse versichern. Die Beiträge werden einkommensabhängig erhoben, den Arbeitgeberanteil übernimmt (noch) der Staat.

Wenn man sich entscheidet, mit dem Zeichnen von Comics seine Kohle zu verdienen, muss man sich darüber im Klaren sein, dass es mit der Herstellung von Comics allein nicht getan ist. Genau so unerlässlich ist es, seine fertigen Werke auch gewinnbringend an den Mann zu bringen. Also die Mappe unter den Arm geklemmt und Redaktionen und Verlage abgeklappert. Hat man erst mal eine Serie oder ein Album platziert, lässt sich darauf aufbauen. Ein gedrucktes Buch ist immer eine gute Referenz. Eine regelmäßig in der Zeitung laufende Serie ist sogar noch besser: Das Ding wird von vielen Leuten gelesen, der Bekanntheitsgrad des Zeichners steigt und irgendwann trudeln fast automatisch erste Anfragen für Auftragsarbeiten ein.

Leider muss man sagen, dass die Honorare vielfach nicht gerade üppig sind, es braucht unter Umständen eine große Anzahl von Aufträgen, um seinen Lebensunterhalt komplett mit dem Zeichnen zu bestreiten. Dass Zeichner von nur einer regelmäßigen Serie leben ist eher die Ausnahme, solche Jobs sind selten.

Honorar

Feste Honorarsätze im Bereich Comics und Illustration gibt es derzeit nicht, allenfalls Richtwerte, an denen man sich orientieren kann. Das mit den Preisen ist so eine Gefühlssache, auch hier bekommt man mit der Zeit ein Gespür dafür, was man bei einem bestimmten Auftrag nehmen kann. Hier sind also mal wieder Fingerspitzengefühl und Diplomatie gefragt. Es kommt auf jeden Fall nicht gut, dem Kunden gleich einen utopischen Fantasiepreis um die Ohren zu hauen.

Überhaupt ist es schlecht, ihm gleich mit einem Preis zu kommen: Im Zweifelsfall stellt sich der Job doch als erheblich arbeitsintensiver heraus, der Kunde nagelt einen dann aber auf das angesagte Honorar fest.

Lieber erst mal abchecken: Was ist das für eine Firma? (McDonalds zahlt zumeist mehr als das Fußpflegestudio um die Ecke.) Wie hoch ist der Arbeitsaufwand in etwa? Wie wird die Zeichnung vom Kunden eingesetzt? (Ist nur ein einmaliger Abdruck in einer Anzeige angedacht oder die Vervielfältigung und der Verkauf auf T-Shirts?) Wie hoch ist die Auflage der Zeitung, in der die Arbeit erscheinen soll? Alles Faktoren, die bei einer Honorarbestimmung berücksichtigt werden sollten, erst dann kann man dem Kunden einen Preis nennen. Wichtig ist, sich auch als Anfänger auf keinen Fall unter Wert zu verkaufen, sondern sein Honorar klar zu benennen. Der Rest ist Verhandlungssache. Wenn einer trotzdem auf einem viel zu niedrigen Honorar besteht, sollte man ihn sausen lassen. Soll der sich das Ding doch selber zeichnen!

Wenn man sich im Unklaren bei der Honorarfrage ist, kann es hilfreich sein, sich an Kollegen seines Vertrauens zu wenden und sich über Preise auszutauschen. Empfehlen kann ich an dieser Stelle vor allem das kleine Handbuch des ICOM (Interessenverband Comic e.V.) »Honorare, Verträge, Urheberrecht« von Christoph Ruoss (s. Anhang).

Verträge

Ein Vertrag ist dazu da, mögliche Streitereien im Vorwege zu klären und den Vertragspartnern ihre Rechte klar und deutlich aufzulisten. Notfalls schützt einen allerdings selbst der narrensicherste Vertrag im Ernstfall nicht vor gerichtlichen Auseinandersetzungen, aber das nur nebenbei. Ein Vertrag, den Autor und Verlag schließen ist ein sogenannter (Achtung, festhalten!) Verlagsvertrag. Hier wird genau festgelegt worum es in dem Vertrag geht (meistens ein Buch), bis wann der Autor das fertige Manuskript zu liefern hat, wie hoch das Honorar ausfällt, wann das Teil erscheinen soll und wie es mit den Nutzungsrechten steht (s. Rechte). Er regelt also grob gesagt Rechte und Pflichten der Vertragspartner. Jeder Vertrag kann da etwas anders aussehen, je nachdem, was die Vertragspartner vorher ausgehandelt haben. Im grundsätzlichen Aufbau sind sich die Dinger aber zumeist recht ähnlich.

Auch wenn man sein erstes Comicalbum erfolgreich einem Verlag hat andrehen können, sich deswegen ein Loch ins Knie freut, sollte man dem Lektor trotzdem nicht gleich den Vertrag aus der Hand reißen und fragen: »Wo soll ich unterschreiben?« Vor Unterzeichnung eines Vertrages (und hier ist es egal, ob Buchvertrag oder Fernsehzeitschriftenabonnement an der Wohnungstür) muss der Schrieb genauestens gelesen werden. Tauchen Fragen auf: klären! Wer steigt schon durch all diese verklausulierten, juristischen Spitzfindigkeiten durch. Im Zweifelsfalle immer an jemanden wenden, der sich mit so etwas auskennt, und notfalls sogar von einem Anwalt prüfen lassen. Letzteres kostet natürlich unter Umständen eine Kleinigkeit.

Im Allgemeinen wirst du bei den etablierten Verlagen keine unliebsamen Überraschungen erleben, deren Verträge sind seriös und fair abgefasst: Aber trotzdem gilt bei jedem Vertrag: Lies ihn dir lieber einmal zu viel durch als einmal zu wenig!

Recht

Im Fachjargon nennt sich ein Comiczeichner »Bildautor«. Er ist Urheber seiner Werke. Diese Werke sind sein Eigentum, genießen also Urheberrechtsschutz. Den muss man nirgends anmelden oder bei einem Patentamt eintragen lassen, er entsteht automatisch mit der Schaffung des Werkes. Sollte jemand ohne Absprache mit dem Zeichner eines seiner Werke (z. B. für eine Werbeanzeige) drucken, ist das eine klassische Urheberrechtsschutzverletzung, gegen die der Urheber klagen kann.

Als Bildautor kann man die Nutzungsrechte einem Kunden übertragen. Das heißt, man räumt dem Kunden ein, mit seinem Werk zu arbeiten, es zum Beispiel für Werbezwecke zu nutzen und so weiter. In einem Vertrag werden dabei Art und Umfang der Übertragung geregelt: Um welches Werk geht es dabei? Wie lange wird das Nutzungsrecht übertragen (zeitlich begrenzt oder unbegrenzt)? Wie darf es genutzt werden? Je nach Art und Umfang der Nutzung richtet sich dann die Höhe des Honorars.

Verwertungsgesellschaften

Was bei Musikern die GEMA ist bei Illustratoren und Zeichnern die Verwertungsgesellschaft Bild-Kunst (s. Anhang). Trotz des Urheberrechtes gibt es eine Vielzahl von Verletzungen dieses Gesetzes. Kein Illustrator ist in der Lage, den kompletten Überblick über sein Werk zu behalten, es wird immer wieder zu Raubkopien und unberechtigten Nutzungen kommen.

Die staatliche VG Bild-Kunst zieht bei Nutzern (z. B. Fotokopiergeräteherstellern, Druckereien und Ähnlichen) eine pauschale Gebühr ein, die sie ein Mal pro Jahr anteilig an ihre Mitglieder ausschüttet.

BILDERSCHMIEDE
Ein Comic entsteht

Bilderschmiede – Ein Comic entsteht

Sein Name klingt zwar nicht danach, aber Alain Felkel ist Ur-Flensburger wie ich. Kenn gelernt habe ich ihn vor einigen Jahren bei einem Treffen mit alten Freunden in der Weihnachtszeit. Eigentlich arbeitet er als freier Autor fürs Fernsehen, ist aber ein ausgesprochener Comic-Freak. Das weitere Gesprächthema für den Abend war also klar, wir verstanden uns gut. Kurze Rede, langer Sinn: Einige Stunden und Hefeweizen später war klar: Wir machen was zusammen! Ein Heldenepos sollte es werden über den letzten großen deutschen Freibeuter: Störtebeker!

Und tatsächlich: Nur wenige Wochen später lagen seine ersten Textentwürfe bei mir im E-Mail-Kasten. Um ehrlich zu sein: Seine und meine Vorstellung von einer Story klafften etwas auseinander, sodass wir den Text mehrfach hin und her schicken mussten, um dem ganzen Ding den richtigen Schliff zu geben. An so einem Punkt stellt sich dann sehr rasch heraus, ob und wie die weitere Zusammenarbeit laufen wird oder ob man sich bereits im Anfangsstadium dermaßen in die Haare gerät, dass man sich besser schnell wieder voneinander verabschiedet. Aber wir konnten alle Klarheiten rasch beseitigen, und schließlich schickte mir Alain die ersten Textseiten zu. Gleich auf Seite 1 werden der Ort der Handlung und die Hauptfiguren vorgestellt sowie der Handlungsstrang angelegt.

Eine Steilvorlage für den Zeichner! Also sofort Schmierpapier her und ein Seitenlayout angefertigt.

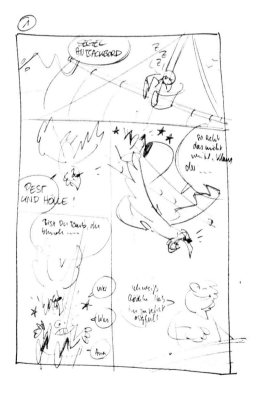

Layoutskizze   Schritt 2

»Störtebeker« Seite 1

Bild   Text

Wichmann im Mastkorb. Er pennt
unter einer aktuellen Ausgabe
der »St. Pauli Nachrichten«.

Die Hansekogge am Horizont   Off: (laut) Segel in Sicht!
sieht er nicht.

Eine krüppelige Möwe flattert   Michels: Pest und Hölle!
aufgeregt auf und ab: Gödeke
Michels.

Gödeke Michels stürzt sich   Michels: Bist du taub, du
wutentbrannt auf den schlafen-   blinde Nuss? Das ist 'ne Ka-
den Wichmann und hackt mit dem   perfahrt und keine Butter-
Schnabel auf dessen Kopf ein.   fahrt!
                                        Wichmann, verdattert: Schiff
                                        ahoi? Zu Befehl! Alles in die
                                        Wanten!

Gödeke Michels lässt von Wich-   Michels: Zunder und Schwefel!
mann ab und wendet sich an   So geht das nicht weiter,
Störtebeker, der an der Reling   Klaus! Wichmann hat schon wie-
lehnt. Störtebeker grinst.   der einen im Kahn!

                                        Störtebeker: Ich weiß, Gödeke!
                                        Ich hab ihn ja selbst abge-
                                        füllt!

Schritt 1

Hier überlege ich, wie viel Platz für Text und Figuren im Bild einzuplanen sind, wo die handelnden Personen stehen sollen und wie groß die einzelnen Panels werden. Es gibt nur vier Panels auf dieser Seite, ich habe also jede Menge Platz.

Die Story ist als Comicalbum geplant, Druckformat DIN A4. Das bedeutet, das haben wir ja schon gelernt: Die Originalseiten sollten gerne mindestens ein Format größer, also in DIN A 3 angefertigt werden.

Auf einem DIN-A3-Blatt (normales Druckerpapier etwas besserer Qualität) werden nun die Seitenränder gezogen: oben 2 cm, unten 2,5 cm, links und rechts 1,5 cm vom Blattrand. Das sind natürlich keine zwingenden Werte, ich hab mir das nur so angewöhnt, weil das auch in der Verkleinerung ganz gut passt. Dann teile ich die einzelnen Bilder ein. Zwischen den Bildern lasse ich jeweils 5 mm Platz. Das alles natürlich mit dem Bleistift. Nun wird grob vorskizziert: Ich schreibe den Text hin und ziehe die Sprechblasen drum herum. Figuren und Szenerie werden angelegt. Aus der Bücherei habe ich mir einen Stapel Literatur zum Thema »Seefahrt im Spätmittelalter« besorgt, natürlich nur solche mit vielen Bildern drin. Nach rund drei bis vier Stunden steht die Vorzeichnung – Kaffeepause.

Die Vorzeichnung lege ich auf den Leuchttisch und packe ein neues DIN-A3-Blatt darüber, auf welchem ich vorher die Bildränder und -größen, wie auf der Vorskizze, in Bleistift eingezeichnet habe. Licht anknipsen und die Vorzeichnung Strich für Strich mit einem Bleistift Stärke HB auf das frische Blatt durchpausen. Das dauert noch einmal ungefähr eine Stunde, bei aufwändigen Seiten natürlich entsprechend länger.

Nachdem auch das geschafft ist, geht es ans Konturieren. Zuerst wird der Text gelettert (mit einem »Edding 1800« in 0,3 mm

Stärke), dann die Sprechblasen nachgezogen (mit dem legendären »Geha super formy«). Als Nächstes habe ich hier mit einem Pinselstift zum Teil die äußeren Konturen nachgezogen, z. B. das Kinn von Störtebeker, Gödekes Gefieder, den oberen Strich der Reling und noch manches mehr, und zwar die ganze Seite durch. Dann mit dem Fineliner hinterher, die Details ausarbeiten.

Da ich die Seite am Rechner kolorieren will, achte ich darauf, möglichst saubere Striche zu ziehen und die mit Farbe zu füllenden Flächen nach Möglichkeit zu schließen. Eventuelle Fehler (z. B. die Flecken in der ersten Sprechblase und im dritten Bild) werden aber nicht mit »Tipp-Ex« überdeckt, weil sich so etwas nachher am Bildschirm viel eleganter korrigieren lässt. Schwarz zu füllende Flächen werden mit X-Kreuzen versehen, damit man später sieht, wo schwarze Farbe reingekippt werden soll.

In Schwarz-Weiß wirkt die Seite noch klinisch und schmucklos. Die Effekte, Schatten und Ähnliches mache ich später bei der Bildbearbeitung. Nach dem Konturieren wird der Bleistift wegradiert und die Seite am Fotokopierer von DIN A3 auf DIN A4 verkleinert (70%), damit die Seite auf meinen DIN A4-Scanner passt.

Nachdem das Ding dann endlich in einer Auflösung von 600 dpi eingescannt ist (diese Auflösung sollte ein Schwarz-Weiß-Scan immer haben, damit die Striche später im Druck schön scharf rauskommen und keine »Treppchen« entstehen), kann die Arbeit mit Photoshop beginnen. Zunächst färbe ich die Figuren ein. Wie die farblich aussehen sollen, habe ich vorher an Einzelzeichnungen von Störtebeker und seinen Mitstreitern bereits ausprobiert und festgelegt. Danach werden Details und Hintergründe koloriert. Wichtig bei der Farbwahl: Die Farben sollten passen und dürfen sich

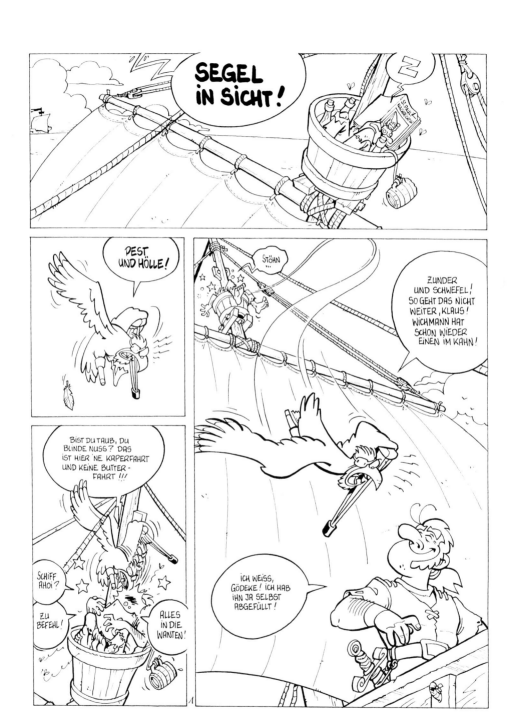

nicht beißen. Bei dieser Seite gibt es aber nicht so viel falsch zu machen. Himmel ist nun mal Himmel und Holz ist Holz. Auf den folgenden Seiten der Geschichte ist natürlich darauf zu achten, dass die festgelegten Farben beibehalten werden, dass also das Wams von Störtebeker nicht plötzlich rot wird und seine Haare braun oder so.

Die Wasseroberfläche habe ich zunächst mit einem Farbverlauf von Hellblau nach Dunkeltürkis angelegt. Danach wurde die noch mit dem Zauberstab markierte Fläche mit dem Buntstiftwerkzeug bearbeitet, indem ich mit verschiedenen Stiftbreiten und mit unterschiedlicher Deckkraft immer wieder über die Fläche gefahren bin, um eine Wellenstruktur zu erhalten. Die Schattenflächen kann man mit dem Ellipsenwerkzeug anlegen: Zunächst wird die Fläche mit einem dunkleren Ton gefüllt. Dann eine Ellipse ziehen und so legen, dass sie nur einen Teil der Gesamtfläche verdeckt. In die Ellipsenfläche einen helleren Ton kippen, schon hat man einen Schatten mit scharfem Rand.

Zwischen Speedlines lässt sich ebenfalls gut ein leichter Farbverlauf unterbringen, um mehr Dynamik zu erzeugen. Bildbearbeitungsprogramme sind heutzutage unheimlich vielseitig. Einen Großteil der Funktionen wird man erst im Laufe der Zeit und mit viel Praxis für sich entdecken. Die von mir angeführten Kolorierungsbeispiele sind nur ein Weg von vielen, wie man mit dem Programm umgehen kann.

Die Seite ist fertig koloriert. Nun reduziere ich die Auflösung von 600 dpi auf 300 dpi Auflösung und speichere die ganze Arbeit ab. Das darf man bei der Arbeit am Computer grundsätzlich nie vergessen: Abspeichern! Wer einmal erlebt hat, wie einem der Rechner nach stundenlanger Arbeit plötzlich die Mitarbeit aufkündigt und damit die Arbeit mehrerer Stunden zunichte macht, wird sicher in Zukunft immer daran denken. Also während der Arbeit immer mal wieder auf Menüpunkt »Datei« gehen und »Speichern« wählen.

Das Ganze hat insgesamt ca. einen Tag Arbeit aufgefressen. An einem Comicalbum (mindestens 48 Seiten) sitzt man also ca. zwei Monate, aber nur wenn man jeden Tag durchzeichnet. Da staunt ihr, was?

COMICZEICHNER-INTERVIEWS
Wie machen es die alten Hasen?

Comiczeichner-Interviews

Sieben Fragen an Zeichnerkollegen und Texter. Hier verraten sie ihre wichtigsten Tricks und Kniffe! Ich habe eine Reihe von Kollegen angesprochen und sie um schonungslose Beantwortung folgender Fragen gebeten:

Auf den folgenden Seiten stehen als Zeichner Rede und Antwort:
Tom Breitenfeldt, Flix, Haggi, Heinz Körner, Tom Körner (»Tom«), Ralph Ruthe, Dirk Schulz, Thomas Siemensen und Volker Sponholz.

1. Als Zeichner bzw. Autor bist du hierzulande voll bekannt, ist natürlich klar: Aber da wir auch Leser in Österreich und in der Schweiz haben, stell dich doch bitte noch mal kurz vor!

Als Texter konnte ich ausquetschen:
Alain Felkel, Marc Hillefeldt und Lutz Mathesdorf.

2. Wie bist du dazu gekommen, Comiczeichner bzw. -texter zu werden?

3. Welches sind deine bevorzugten Arbeitsmaterialien?

4. Wie kommst du auf deine Ideen? Wie entwickelst du deine Stories?

5. Wie zeichnest du deine Comics?

6. Wie und womit kolorierst du deine Comics?

7. Wie beurteilst du die Situation der Comiczeichner und -texter in Deutschland? Kannst du zu diesem Beruf raten?

TOM BREITENFELDT

1. Ich bin in Flensburg geboren, lebe und arbeite heute in Oldenburg. Als Kind habe ich erste schlimme Erfahrungen mit dem berüchtigten Spirografen gesammelt, danach dann Pubertätärä, rasantes Längenwachstum (198 cm), Judo, Interrail, Abitur, der erste Käfer, Zivildienst, Kunst- und Musikstudium an der Universität Oldenburg, in der Freizeit bis zur Unerträglichkeit enthusiastischer Hawaii-Gitarrist. Außerdem Autor und Zeichner der Comicserie »Der kleine König der großen Tiere«.

2. Es gab Anfang der 80er-Jahre mal eine Kinder- und Jugendzeitung namens »Klick«, die in Bremen erschien, aber bundesweit vertrieben wurde. Für die hab ich zunächst Artikel illustriert. Mein erster Strip »Karl, das Kamel« kam bei den »Klick«-Lesern richtig gut an und hatte sogar mal eine Option auf eine halbe Seite im Stern, als der noch eine Kinderseite hatte (»Sternchen haben Kinder gern, Sternchen ist das Kind vom Stern«), wegen des Golfkriegs wurde dann aber doch nichts daraus. Viel Wüste und viel Sand war plötzlich nicht mehr angesagt… Über »Klick« kam dann der Kontakt zur »Frankfurter Rundschau« zu Stande.

3. Die Klassiker: Bleistift und Feder.

4. Die Ideen entstehen aus einem Wust an Zeichnungen, die ich ohne jegliche Zensur und Selbstkontrolle in mein Skizzenbuch hineinkrakele. Aus dieser grafischen Ursuppe entsteht dann fast von ganz alleine neues Leben. Am schönsten ist es immer dann, wenn ich mich selbst überrasche.

5. Erst mit Bleistift. Da wird auch noch gekrickelt und hin- und hergeschoben, verworfen, neu gemacht, am Text gebastelt – bis ich das Gefühl habe, dass alles passt. Dann wird alles mit Tinte und Feder durchgezogen.

6. Den »Kleinen König« koloriere ich am Rechner, weil das die Zusammenarbeit mit der Redaktion der »Frankfurter Rundschau« vereinfacht. Die meisten anderen Sachen koloriere ich jedoch per Hand. Mit Wasserfarben.

7. Schwer zu sagen, ich kann ja nur meine eigene Situation beurteilen. Vom Comiczeichnen allein könnte ich nicht leben, aber der »Kleine König« akquiriert ganz gut für mich, und ich kann sagen, dass es mir mit der Zeichnerei nicht schlecht geht. Grundsätzlich würde ich jedem raten, sich den Beruf auszusuchen, der am meisten Spaß macht und die Sache zu betreiben, bei der man einfach mit Liebe dabei ist.

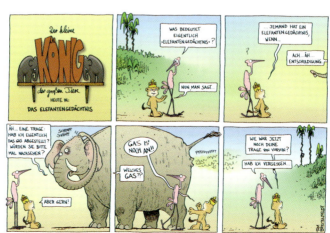

©TOM (TOM KÖRNER)

1. Ich heiße Tom Körner, signiere mit ©TOM und veröffentliche seit 1991 einen täglichen Comic-Strip namens »Touché« in der »taz«, Berlin. Außerdem arbeite ich für verschiedene andere Zeitungen und Zeitschriften. Ich mache Text- und Buchillustrationen, Politkarikaturen, Postkarten – eben alles, was so anfällt.

2. Na ja, mit 29 Jahren, einer doch schon sehr zweistelligen Semesterzahl und ohne viel Kontakt zur Uni hätte ich bloß bei meinem Packerjob bleiben können. Gute Freunde brachten mich dann auf die dumme Idee.

3. Glatter Zeichenkarton, Tusche und Deckweiß. Viel Deckweiß!

4. Da ich täglich liefern muss und ein »Last-Minute-Man« bin, überlege ich eigentlich ständig. Manchmal habe ich eine fertige Idee, aber meistens muss ich die Idee erst auf mein 3-Bilder-Format zuschnitzen.

5. Mit einem hellblauen Stift vorzeichnen (das verschwindet beim Kopieren und Scannen) und dann mit verschiedenen Füllern, die mit Tusche gefüllt sind. Und Deckweiß. Viel Deckweiß!

6. Am liebsten mit Pigmenttusche, Wasserfarben und Markern. Aber auch viel mit dem Computer. Kommt drauf an.

7. Sicher, es ist ein schöner Beruf. Ich möchte nie was anderes machen. Ich kann auch gut davon leben (falls nicht gerade mein Verlag pleitegeht). Allerdings hatte ich das Glück mit dem täglichen Strip. Das hebt den Bekanntheitsgrad dann doch. Was man auf jeden Fall braucht, ist Durchhaltevermögen. Und man muss die ersten Jahre damit rechnen, seinen Unterhalt mit etwas anderem verdienen zu müssen. Die allgemeine Situation halte ich für ganz gut. Mittlerweile macht eine Generation Zeitungen und Bücher, die mit Comics aufgewachsen ist. Dummerweise geht es den Zeitungen heute jedoch bekanntermaßen schlecht. Und wenn gespart werden muss, fliegt als Erstes die Unterhaltung raus.

ALAIN FELKEL

1. - / -

2. Ich kann eigentlich noch nicht so viel darüber berichten, da ich erst dieses Jahr das Verlangen entwickelt habe, professionell als Texter für einen Comic zu arbeiten. Aber wenn dieser Umstand nicht weiter stören sollte, kann ich ja mal kurz skizzieren, wie dieser Wunsch sich entwickelte: Zum Texten für Comics wurde ich schon in meiner frühen Jugend animiert, leider animierten meine Zeichnungen nicht meine Texte – und so ließ ich es für Jahrzehnte sein, als zeichnender Texter bzw. textender Zeichner für mein Privatvergnügen oder vollbusige Nachbarmädchen zu dilettieren. Ich widmete mich nach einem Geschichtsstudium dem Texten für das Fernsehen, womit ich heute noch meinen Broterwerb bestreite. Da aber jeder weiß, wie fantasielos und ätzend deutsches Fernsehen bzw. der deutsche Film sein kann und wie viele Hirnis dort Möglichkeiten haben, einem ein gutes Projekt zu versalzen, suchte ich nach anderen Möglichkeiten, meine Stoffe an den Mann zu bringen. So zum Beispiel ein Projekt namens »Störtebeker«, für das ich schon recherchiert und ein erstes Exposé für einen Film geschrieben hatte. Doch das Projekt wurde schon im Keim erstickt, als ich hörte, dass eine Münchner Firma angeblich den Stoff produzierte. Nun, ich habe bis heute nichts davon gehört bzw. gesehen, aber es wurde gemunkelt… Bla, bla – wie so oft in diesem Business. Ich ließ erst mal ab davon. Doch Störtebeker war nicht tot. Er lebte. Und das Glück half mir, indem ich die Bekanntschaft von Kim machte, der in meiner Heimatstadt Flensburg mittlerweile seit Jahrzehnten einen Comic-Strip publizierte und auch sonst immer wieder mit seinen Comics bundesweit für Furore sorgte. Wie von Kim schon erwähnt, nach ein paar ersten Weizen stellte sich heraus, dass auch er etwas in der Schublade hatte: »Störtebeker«. Nun, weitere Worte sind unnötig. Wir fielen über Störtebeker her wie einst seine Piraten über die Hansekoggen und erarbeiteten die ersten Comicseiten.

3. - / -

4. Da habe ich kein Geheimrezept. Hängt vom Stoff ab, vom Stand der Recherche, von der Perspektive, aus der die Geschichte erzählt wird, was für eine Erzählfarbe sie haben soll. Der Rest verknüpft sich in gezielt erarbeiteten Entwürfen oder Spontaneinfällen.

5. - / -

6. - / -

7. So, wie es sich mir finanziell darstellt, sieht es aus, als ob es für einen Texter in Deutschland eher um die Ehre geht als um das Finanzielle. Aber vielleicht ändert sich das ja mal…

FLIX

1. Mein Name ist Flix, Jahrgang 1976, habe in Saarbrücken und Barcelona Kommunikationsdesign studiert, bin diplomiert und arbeite jetzt selbständig als Comiczeichner und Designer. Seit rund fünf Jahren zeichne ich ernsthaft Comics. 1998 erschien mein Debüt mit dem Titel »Who the fuck is Faust«, danach habe ich viel für Werbung und Independent-Verlage gezeichnet und arbeite momentan an der Albenserie »Radio Ohrgasmus«, einer abgedrehten Story um den abgedrehten Radiotalker Onkel Erika und seine abgedrehte Telefontalkshow.

2. Als Kind war ich begeisterter Fan der »Yps«-Hefte. Doch irgendwann war ich für diese Hefte zu cool. Als ich 16 war, hatte ich einen Freund, der eine Ausbildung zum Comicbuchhändler machte. Und der hat mir gezeigt, dass Comics nicht nur »Micky Maus« und »Yps« waren. Mein erster »richtiger« Comic war »The Dark Knight Returns« von Frank Miller. An diesem Werk habe ich gespürt, was Comic alles sein kann und war völlig fasziniert. Das wollte ich auch machen. Und so habe ich angefangen, das nachzumachen. Ich habe »Batman«, »Gaston« und »Werner« abgepaust und mir dann eigene Geschichten mit diesen Figuren ausgedacht. Sehr abstruses Zeug. Aber ich fand es klasse! Parallel dazu habe ich alles gelesen, was mir an Comics in die Hände gefallen ist. Und das kann eine ganze Menge sein, wenn man einen Freund hat, der Comicbuchhändler wird. Irgendwann habe ich beim Zeichnen gemerkt, dass lustige Figuren mir mehr liegen als muskulöse Superhelden. Und als ich dann in der Schule Faust interpretieren sollte, dabei aber immer anderer Meinung war als Frau Kreinsen, meine Lehrerin, habe ich wütend und völlig naiv beschlossen, meinen eigenen Faust zu schreiben. Und zwar als Comic. Ein richtiges Album sollte es werden. 64 Seiten! Ich fing einfach an, ohne Storyboard, nur mit einer groben Idee im Kopf. Mit den ersten zehn Seiten bin ich auf die Buchmesse gestiefelt und habe einen Verlag nach dem anderen abgeklappert. Eichborn hatte schließlich Interesse. Was für ein großes Glück das war, konnte ich damals gar nicht abschätzen.

3. Ein HB-Druckbleistift, den ich mal in einem Schreibwarengeschäft gemopst habe und mit dem ich bis heute ALLES skizziere, Pelikan-Tusche (schwarz), Zeichenfeder Nr. 511, ein Federhalter, den ich von meinem Großvater geerbt habe, Fineliner, und zum Korrigieren nehme ich weiße Pelikantusche, die ich etwas eintrocknen lasse, damit sie besser deckt.

4. Die Ideen kommen einfach. Keine Ahnung woher. Manche Geschichten haben direkten Bezug zu einer Situation aus meinem Umfeld oder aus der Zeitung oder dem Netz oder sind einfach aus der Luft gegriffen. Wenn sich dann mal so eine Idee bei mir eingenistet hat, trage ich sie oft mehrere Tage mit mir herum, denke drüber nach, und wenn ich die Idee dann immer noch gut und rund finde, setzte ich mich hin und schreibe oder skizziere sie. Ich mache eine Art grobes Storyboard, was meistens ein Zettel mit vielen daumennagelgroßen Quadraten ist, in die ich miniklein den Handlungsablauf zeichne. Den Text schreibe ich daneben. in dieser Phase wird viel radiert, durchgestrichen, ausgetauscht und verändert. Meistens kann niemand viel aus diesen Blättern erkennen, außer mir.

5. Meistens zeichne ich ziemlich chronologisch und orientiere mich dabei an meinem Storyboardzettel. In der späteren Comicfassung wird meistens dann noch einiges anders, als es in der ersten Idee geplant war. Und das ist auch gut so. Denn so bleibt die Geschichte lebendig und das Zeichnen selbst wird kein starres Runterrattern. Oft fallen einem im Machen auch noch nette Details und Wendungen ein.

6. Ganz unterschiedlich. Zum Teil mit Copic-Markern. Das ergibt schöne Farben und man kann relativ problemlos und schnell die Seiten kolorieren. Für eine Seite brauche ich rund zwei bis drei Stunden. Allerdings koloriere ich nie auf der Originalzeichnung, immer nur auf einer Kopie. Die so kolorierten Seiten scanne ich oft ein und bearbeite sie danach noch einmal am Computer. Inzwischen habe ich aber auch damit angefangen, Seiten ganz am Rechner einzufärben. Das macht Spaß, ist aber noch Neuland für mich.

7. Als reiner Comiczeichner ist es in Deutschland nicht ganz einfach, ein Auskommen zu finden. Die meisten Kollegen arbeiten nebenbei noch an anderen Projekten, die mehr Geld abwerfen. Bei mir sind das Illustrationen für (Schul-) Bücher, Cartoons, Webseiten, Grafikjobs etc. Es empfiehlt sich meines Erachtens darum sehr, eine wie auch immer geartete Ausbildung im Bereich Gestaltung zu machen. Zwar lernt man in solchen Studiengängen nicht direkt etwas über Comics, aber über Gestaltung allgemein, wovon sich viel auf Comics übertragen lässt. Typografie, Layout und Farbenlehre sind auch beim Comicmachen wichtig. Außerdem hat man nach einer solchen Ausbildung einen Abschluss in der Hand, der es vielleicht etwas leichter macht, in einem anderen Beruf als in dem des Comiczeichners Fuß zu fassen, falls es mit den Bildgeschichten nicht so klappt, wie man sich das vorgestellt hat. Allerdings muss man auch sagen, dass die Independentszene in Deutschland zurzeit groß und vielfältig ist wie nie zuvor. Wenn es einem also ernst ist und man keine Probleme damit hat, vorerst nichts mit seinen Werken zu verdienen, ist ein Klein- oder Kleinstverlag eine gute Möglichkeit, einen Fuß in die Tür zu bekommen.

HAGGI (HARTMUT KLOTZBÜCHER)

1. In Österreich kennt man mich auch schon, jedenfalls der Teil der Bevölkerung, der aus Gerhard Förster und Harald A. Havas besteht… Aber trotzdem: Ich heiße Hartmut Klotzbücher, nenne mich Haggi und bin ganz alt. Mein erster veröffentlichter Comic hieß »Winni mit der Wunderwindel« und erschien 1985 in dem Fanzine »Plop«. Ich zeichne unter anderem die Abenteuer der Taschenmaus »Ferdi«, »Die Lösung von Kringeln« und »Di Abenteuer fom Hartmut«.

2. Das war schon mein Traumberuf, als ich ganz klein war (damals wollte ich vor allem »Schlümpfe«-Zeichner bei »Fix & Foxi« werden), und ich habe nie ganz aufgehört zu träumen.

3. Papier und Stifte. Ich benutze meistens ganz normale Zeichenblöcke, Bleistifte aus dem Supermarkt und »Geha Super formy«-Filzer, manchmal auch eine Feder und Tusche oder einen Rapidografen (den aber lieber zum Lettern).

4. Die Ideen fallen mir irgendwann ein oder ich klaue sie mir zusammen. Die Storys entwickle ich, während ich sie scribble. Mit dem Zeichnen fange ich dann an, wenn das Scribble komplett fertig ist. Meistens.

5. Ich zeichne mit Bleistift vor und dann mit dem Filzer oder Tusche drüber. Die Bleistiftlinien radiere ich anschließend aus. Beim Hartmut hab ich mir angewöhnt, ohne Vorzeichnungen zu arbeiten, weil der gar nicht so perfekt aussehen soll.

6. Wenn überhaupt, dann mit Copic-Markern, von denen ich ca. 100 verschiedene Farbtöne habe.

7. Wenn jemand unbedingt Comics zeichnen will, sollte er/sie das auf jeden Fall auch tun. Wenn jemand reich und berühmt werden will, sollte er/sie lieber Popstar werden, sich in einen Container sperren lassen oder eine(n) Millionär(in) heiraten. Wer mit dem Comiczeichnen seine Brötchen verdienen will, muss auf jeden Fall bereit sein, sich von denen, die sie verkaufen sollen (die Comics, nicht die Brötchen) reinreden zu lassen. Dann geht es eigentlich schon.

MARC HILLEFELDT

1. Tja, mal sehen, ob ich das alles noch zusammenbekomme... Marc Hillefeld, geboren im letzten Jahrhundert und seit 1999 freier Autor. Interessanterweise kennen die Schweizer Leser meinen Namen vielleicht sogar eher als die deutschen und österreichischen: Für die Eidgenossen schreibe ich seit zwei Jahren zusammen mit dem Zeichner André Sedlaczek den täglichen »John Twenty«-Strip für die Zeitung »20 Minuten« (so viel Werbung muss sein). Außerdem adaptiere ich die »Digimon«-Comics für den deutschsprachigen Markt, ein paar Werbecomics gehen auch auf mein Konto. Und dann gibt es da noch einen gewissen »Hiro«, der dem Herausgeber dieses Buches nicht ganz unbekannt sein dürfte...

2. Comictexter bin ich eigentlich nur geworden, weil es zum Zeichner nicht gereicht hat. Als Kind habe ich zwar verzweifelt versucht, mir das Comiczeichnen beizubringen, aber schon bei Nasen im Dreiviertelprofil bin ich gescheitert. Comics zu schreiben war dann das Zweitbeste. Na ja, außerdem macht es mir Spaß, Geschichten zu erzählen – in jedem Medium. Und Menschen, die meine Scribbles kennen, wissen, dass ich die richtige Berufswahl getroffen habe...)

3. Als Autor natürlich ein Computer. Ich kann mir kaum noch vorstellen, dass ich am Anfang meiner Karriere noch mit einer Schreibmaschine gearbeitet habe. Ja, so alt bin ich tatsächlich...

4. Eine Story besteht immer aus zwei Elementen: Struktur und Idee. Die Struktur einer Geschichte folgt bestimmten Regeln, die man lernen kann. Es gibt schlaue Bücher darüber – oder man schaut sich einfach die Geschichten anderer Autoren und Autorinnen genau an: Wie beginnt eine Geschichte, was für Probleme müssen die Helden lösen, wie schaffen sie das, und wie geht das ganze aus? Natürlich sollte man das Ganze nicht einfach abschreiben – oder sich dabei zumindest nicht erwischen lassen. Aber wenn man verschiedene Geschichten vergleicht, wird man feststellen,

dass es immer wiederkehrende Grundmuster gibt – egal, ob bei Homers »Illias« oder der »Biene Maja«.
Und Ideen, um diese groben Handlungsgerüste zu füllen, gibt es in Hülle und Fülle. Wenn ich zum Beispiel unter großem Zeitdruck eine neue »John Twenty«-Geschichte erfinden muss, reicht manchmal ein winziges persönliches Erlebnis: Gerade hatte ich eine Funkstörung in meinem Handy – und schon baue ich das in ein neues Abenteuer ein. Johnnys Handy knarzt! Aber warum knarzt ein Handy? Irgendjemand sendet ein Funksignal aus! Und womit? Vielleicht mit einer Fernsteuerung für ein Modellflugzeug! Und warum steuert jemand ein Modellflugzeug mitten durch die Stadt? Vielleicht, weil er es für ein Verbrechen nutzen will… und so weiter. Man kann aus allem eine Geschichte machen – ob es dann auch eine gute wird, ist ein ganz anderes Thema…

5. - / -

6. - / -

7. Zur Situation von Zeichnern kann ich nicht viel sagen; die meisten, die ich kenne, kommen aber ganz gut über die Runden – allerdings nur, weil sie hauptsächlich in der Werbung tätig sind und Comics mehr oder weniger in ihrer Freizeit zeichnen.
Für den Beruf des Autors gilt meiner Erfahrung nach das Gleiche: Nur vom Comicsschreiben könnte ich kaum leben. Romane, Übersetzungen oder Drehbücher sind da schon einträglicher. Mein Tipp für zukünftige Autoren: Alles ausprobieren und das Betätigungsfeld so breit wie möglich streuen. Comics sind klasse, aber nicht alles – es gibt auch in anderen Medien eine Menge spannende Geschichten, die erzählt werden wollen…

HEINZ KÖRNER

1. Guck in die Yps-Fan-Page: http://www.ypsfanpage.de/presse/obermain.php

2. Den Begriff »Comiczeichner« gab es damals noch nicht. Ich ging als grafischer Zeichner zu Rolf Kauka.

3. Die Ergebnisse der Zeichner sollten wie aus einer Hand ausfallen. Wir zeichneten auf Schöller-Hammer G4. Vorgezeichnet wurde mit blauem Farbstift, ausgezeichnet mit einer blauen Zeichenfeder (von der Firma Brause, denke ich). Ein Bildstreifen war 115 mm hoch. Größere Einzelzeichnungen wurden mit dem Pinsel gezeichnet. Später habe ich lieber mit H-Stiften auf Bristol (Karteikarton) entworfen und mit Citofein oder Pinsel Nr. 3 bis 5 ausgezeichnet. Meine Streifen habe ich um 15 mm verkleinert.

4. Die Stories bekam ich zu 90 Prozent stets von der Redaktion gestellt. Wenn es da mal nicht so klappte, musste ich mich bloß in der Nachbarschaft umsehen.

5. - / -

6. Ich habe nie koloriert. War mal ein Farbmuster gefragt, mit Buntstiften auf verkleinerter Fotokopie.

7. Ich bin gut über die Jahre gekommen mit dem Job. Zurzeit ist tote Hose, die Honorare im Keller. Das habe ich schon einmal erlebt. Ich glaube aber, dass das kein Grund ist, nicht doch Comiczeichner zu werden. Einen gewissen Nerv braucht man halt! Von der Qualifikation wird mehr erwartet.

LUTZ MATHESDORF

1. Lutz Mathesdorf, professioneller Comiczeichner und Geschichtenerzähler für »Bertis Buben« , »Unser Schumi«, »Leichenwäscher Karl« und andere. Mache auch verschiedene Strips u. a. »Missy« für »Ein Herz für Tiere« und das »Bauernblatt Schleswig-Holstein«. Darüber hinaus Illustrationen u. a. für die »Süddeutsche Zeitung«, »Sport-Bild«, »Max« und »Bild-Online«. Des Weiteren Trickfilme für das ZDF, eine CD mit der Band »Lecker Fischbrät« und – last, not least – Pixiebücher.

2. Ich habe so lange gemalt, bis die Dorfzeitung in Neumünster sich gezwungen sah, meine Werke abzudrucken und zu bezahlen. Seitdem mache ich das regelmäßig, und mit den Jahren hat sich der Kreis der Abdruckwilligen vergrößert.

3. Bleistift B3, Pelikan Scribtol, Feder, Edding 2100 Sign Pen, Edding 3000, Copic-Marker, Adobe Photoshop, Bristol Papier.

4. Auto fahren, nachdenken, sehr oft durch Rumblödeln mit Gleichgesinnten. Die anderen vergessen den Gag dann meistens. Ich versuche ihn in Form (Onepager, Strip, Cartoon) zu bringen. Sehr viel lesen. Ich verbrauche täglich mindestens zwei Zeitungen, von »Frau im Spiegel« bis »Orkus«. Mit der Zeit hat man ein offenes Ohr für skurrile Geschichten. Ganz Unterschiedlich. Bei Onepagern und Strips hab ich meistens die ganze Geschichte im Kopf und skizziere sie dann per Bleistift vor. Längere Bücher werden erst einmal in Kurzform niedergeschrieben und dann als Drehbuch geschrieben, bevor sie umgesetzt werden.

5. Ich skizziere mit dem Bleistift vor, zeichne sie dann mit Feder und Scribtol ins Reine und radiere anschließend die Bleistiftstriche weg.

6. Entweder mit Copic-Markern oder mit Adobe-Photoshop im PC.

7. Wie in jeder Branche. Mal ist es ganz toll, mal total mies. Man muss gute Nerven haben, wenn man als freier Autor überleben will. Ich kann diesen Beruf jedem empfehlen, der genug Ausdauer und Motivation dafür mitbringt.

RALPH RUTHE

1. Hallo, ich bin Ralph Ruthe (Räusper!). Äh… Ich bin Zeichner beim deutschen »MAD«-Magazin. Außerdem erscheint seit vier Jahren meine Serie »Die Frühreifen« in einigen deutschen Zeitungen und als Buchreihe bei Carlsen Comics, wo auch andere Titel von mir veröffentlicht werden (zum Beispiel »Schweinskram«). Zudem gibt es beim Dino-Verlag meine Reihe »Ruthe-Report«, die sich mit jedem Band einem anderen Thema widmet. Beim Achterbahn-Verlag gibt es ein Buch mit Cartoons von mir unter dem Titel »Sexikon«. Nebenbei erscheinen Comics und Illustrationen von mir in Magazinen wie »Computer-Bild«, »Eulenspiegel«, »Cinema« etc. Mein nächstes großes Ziel ist der abendfüllende Zeichentrickfilm von »Die Frühreifen« fürs Kino. Die Arbeiten daran laufen zurzeit an. Im Internet findet man mich unter www.ruthe.de und www.die-fruehreifen.de

2. Ich glaube definitiv nicht, dass man Comiczeichner wird. Natürlich kommt irgendwann der Zeitpunkt, zu dem man mit seinen Sachen an die Öffentlichkeit geht und sie einem breiten Publikum zugänglich macht. Aber so wie Schauspieler oder Musiker ist das meiner Ansicht nach etwas, was einem in den Knochen stecken muss. Der Rest, den man lernt, ist Handwerk. Daher kann ich nicht wirklich sagen, wie ich dazu gekommen bin. Ich war es immer. Ich wollte nichts anderes werden.
Die offizielle Version geht bei mir jedoch so: Schon als Dreijähriger auf alles, was nicht schnell genug weglaufen konnte, gezeichnet. 1982, im Alter von zehn Jahren, erste Kontakte zur Comicwerkstatt Büsch-Beinhorn über Leserbriefe, vier Jahre später Arbeit als Szenarist für deren Heft »Mike«, zeitweise erschienen in über acht europäischen Ländern. Mit 24 Jahren Kontakt beim Erlanger Comicsalon zum Kleinverlag B&L, 1997 dort das erste Album »Schweinskram«. Danach kamen halt »MAD«, die Alben bei Dino und der Wechsel zu Carlsen dazu!

3. Druckbleistift mit 2B-Minen, Feder und Scribtol. Zeichenkarton 4 G (glatt). Ich halte es aber nicht für sehr wichtig. Hauptsache, die Ideen sind gut, dann tut es auch ein Kuli oder ein Wattestäbchen, das man in Eierfarbe tunkt.

4. Ich nehme meine Umgebung auf. Alles ist voll mit Szenen, die sich wundervoll überziehen oder verändert wiedergeben lassen. Für Cartoons oder Strips reicht es, das kurz auf ein Blatt zu kritzeln. Längere und komplexere Geschichten schreibe ich erst in einer Art sehr knappen Drehbuch auf, dann zeichne ich sie auf Papier vor. Feste Figuren zu haben, von denen man genau weiß, wie sie sind, was sie für Träume und Ziele haben, macht das Entwickeln von Geschichten natürlich leichter!

5. Von links nach rechts. Tag und Nacht. Mit Hingabe. Mit guter Laune. Mit schlechter Laune. An einem Zeichenbrett. Im Bett. Konzentriert. Nebenbei. Mit rechts. Und immer wieder.

6. An einem Macintosh-Rechner. Ich scanne die Schwarz-Weiß-Zeichnung als Strich ein und koloriere auf einer zweiten Ebene im Adobe Photoshop. Zunächst wird alles in den grundsätzlich angedachten Farben flächig koloriert, dann gebe ich dem ganzen mit Schattierungen und eingescannten Aquarellflächen Stimmungen.

7. Schwer pauschal zu beantworten. Hier muss man auch zwischen Cartoon und Comic unterscheiden. Erfolge wie »Asterix« und »Dragon Ball« zeigen, dass immer ein Interesse für das Medium da war und ist. Aber es ist nicht konstruierbar und unterliegt wie alles Trends und dem Zeitgeist. Fakt ist, man kann davon leben, wenn man es wirklich will und Talent mitbringt. Kritikfähigkeit und Bereitschaft zu gewissen Kompromissen machen es einfacher, Verlage zu finden. Die Wahrscheinlichkeit, allein von Buchveröffentlichungen leben zu können, ist sehr gering. Das können in Deutschland wirklich nur eine Handvoll Zeichner. Und da es für Comic-Veröffentlichungen kaum Magazine gibt, ist es gut, wenn man auch Cartoons macht, die bringt man nämlich leichter unter. Habt ihr einen Traum? Wollt ihr wirklich Comiczeichner oder -texter werden? Dann klappt es auch! Ganz sicher!!!

DIRK SCHULZ

1. Name: Dirk Schulz, geb. 20.02.65 in Minden. Abgeschlossenes Studium als Diplom-Grafik-Designer in Bielefeld. Seit 1992 selbständig tätig als Grafik-Designer, seit 1995 Gründung der Werbeagentur Animagic GmbH mit inzwischen zehn Mitarbeitern. Comics von mir: »Indigo«, eine Fantasy-Serie mit inzwischen acht Bänden (gemeinsam mit Robert Feldhoff als Texter), von denen fünf beim Splitter Verlag erschienen, ab 2000 dann alle bei Carlsen Comics. »Parasiten«, Trilogie, bei Carlsen Comics mit Delia Wüllner als Texterin (ebenfalls vorher zwei Bände bei Splitter), »Chiq & Chloe«, zwei Bände bei Splitter, mit Robert Feldhoff und »Celtis«, Carlsen Comics, in Zusammenarbeit mit dem französischen Texter Jean Wacquet.

2. Ist einfach das Geilste, was man machen kann.

3. In erster Linie mein Kopf und meine Hände. Als Werkzeug kommt fast alles infrage. Bleistift, Tusche, Aquarell, Dispersionsfarben, Eiweißlasurfarben, Plakafarben, Ecoline, Filzstifte, Pinsel, Computer…

4. Die Ideen zu den Stories kommen zu 95 Prozent von den Textern, mit denen ich arbeite. Die Ideen zu Figuren und Setting aus meinen bevorzugten Arbeitsmaterialien – Kopf und Hand.

5. Per Hand… und irgendwie kommt auch was aus dem Kopf dazu. Format DIN A2.

6. Siehe oben unter Materialangaben. Die Serien heutzutage allerdings meist per Computer. Der lässt mir alle Möglichkeiten, um verschiedene Malmittel zu kombinieren. Früher meist mit Aquarell bzw. Eiweißlasurfarben.

7. Kann ich nur jedem dazu raten, der es wirklich großartig findet. Es ist definitiv das Geilste… aber das hatten wir ja auch schon.

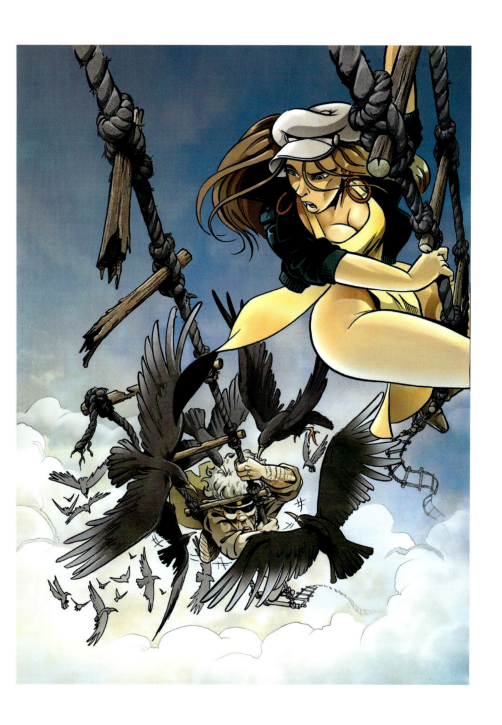

THOMAS SIEMENSEN

1. Ich heiße Thomas Siemensen und bin Comiczeichner. Einen Künstlernamen habe ich nicht. Ich stehe zu meinem Bockmist. Ich zeichne zwei Comicserien, die in Zeitungen und Zeitschriften erscheinen: Die »Haiopeis« und »Ingo Pien, der Pinguin«. Diverse Bücher gibt's auch davon und sogar ein paar Trickfilme. Außerdem zeichne ich »Die Galos«. Das sind Werbefiguren für Pharmaprodukte.

2. Gezeichnet habe ich schon immer ganz gerne, mit Comics habe ich allerdings erst recht spät angefangen. Nach meinem Grafik-Design-Studium versuchte ich, freiberuflich über die Runden zu kommen. Dabei kam mir auch mal eine Anfrage bezüglich Comics und Cartoons unter. Der Bereich hat sich nun so ausgewachsen, dass ich heute nur noch so was mache und davon leben kann.

3. - / -

4. Ideen kommen mir bei der Arbeit, oder ich schnappe etwas auf, das sich verwursten lässt. Wenn ich eine Pointe habe, ist die Sache einfach. Dann baue ich eine Geschichte drum herum. Ansonsten nehme ich irgendeine Ausgangssituation und spinne sie in verschiedene Richtungen aus, bis sich was Lustiges ergibt.

5. / **6.** In einer Kladde notiere ich zunächst die Ideen und arbeite dann die Texte aus. Aus Gründen der Geheimhaltung verwende ich dazu eine Sauklaue, die ich am nächsten Tag selbst nicht mehr lesen kann. Vorgezeichnet werden die Strips auf Kopierpapier. Wenn alles so ungefähr an seinem Platz ist, übertrage ich das Ganze auf festeres Zeichenpapier. Getuscht wird dann mit Feder und Scribtol-Tusche. Wenn ich mal was koloriere, nehme ich Buntstifte.

7. Ob ich den Job weiterempfehlen kann? Nun ja, Berufsanwärter sollten wissen, dass Deutschland nicht gerade das El Dorado für Comiczeichner ist, und man munkelt sogar, Anfänger hätten es besonders schwer. Aber das ist natürlich auch eine Frage der persönlichen Einstellung. Wer also Geld sowieso Scheiße findet, passionierter Sammler von Ablehnungsschreiben ist und Rückenschmerzen liebt, der wird bei dem Job voll auf seine Kosten kommen.

VOLKER SPONHOLZ

1. Voll bekannt…Hicks?! Wenn du meinst… Also, ich bin Jahrgang 1966 und seit sechs Jahren hauptberuflich Comiczeichner. Sozusagen seit ich Fußballcomics zeichne, die dann doch die eine oder andere Mark mehr in die Kasse gespült haben (»Bertis Buben«, »Ruuudi!« etc.). Außerdem zeichne ich für Stadtmagazine und Tageszeitungen Strips und Onepager sowie experimentelle Geschichten, die bislang allerdings kaum veröffentlicht wurden (also wer was hat – ist eine echte Rarität!!!). Letzteres soll in Zukunft mehr werden, vor allem im Selbstverlag »Herrimans« (zusammen mit Patrick Wirbeleit).

2. Vom Kindheitstraum mal abgesehen hab ich einfach lange genug und verschiedenste Sachen studiert und ausprobiert, bis ich sicher wusste: Es gibt nix außer Zeichnen, das mich nicht früher oder später langweilt! Und da ich von jeher total geschichtenfixiert bin, waren Comics die logische Konsequenz. Ein gewisses Bedürfnis zu schreiben und zu erfinden tat ein Übriges. Na ja, und durchhalten muss man natürlich, bis irgendwann mal ein paar Euro fließen (die schmecken dann aber auch um so süßer).

3. Kommt drauf an! (Suuuper Antwort!) Bei den meisten Sachen nehme ich einfachstes DIN A4-Schreibmaschinenpapier. Ist schön billig und passt auf jeden Scanner und in jedes Fax. Da lohnt es sich allerdings, selbst diese Billigpapiere zu testen, weil manche Stifte auf manchen Papieren kräftig »bluten«, während sie auf anderen total randscharf sind. Und für 500 Blatt kann man auch mal fünf statt vier Euro auf den Tisch legen.
Zum Vorzeichnen einen 2H-Bleistift, mit dem ich schon drei Bücher vorgezeichnet habe – also mit ein und demselben!!! Die Linien sind so zart, dass sie beim Kopieren oder Scannen normalerweise verschwinden. Aber nicht zu sehr anspitzen, sonst wird das Papier förmlich »aufgeschnitten«! Oder aber einen Druckbleistift mit farbiger Mine: Mein Scan-Programm hat eine »Blindfarben«-Funktion, d. h., die Vorzeichnung verschwindet einfach.
Für die Reinzeichnung müssen nach Lust und Laune Pinsel (Cosmotop Kunstfaser, nicht so teuer!) und Tinte (Pelikan 4001, die ist zwar nicht wasserfest, dafür trocknet aber der Pinsel auch nicht ein), Pinselstift (Pentel GFKP, wasserfest!) und diverse Filzer herhalten. Ob die von Edding oder Faber-Castell sind, ist eigentlich ziemlich egal. Das Geld für wasserfeste Filzer gebe ich allerdings gerne aus, weil schon eine Triefnase die beste Zeichnung versauen kann. (Gerüchte, ich würde auch »Tipp-Ex« benutzen, weise ich übrigens weit von mir! – Für so was benutze ich »OPTI fluid«.)
Gerne arbeite ich auch direkt mit weichem Bleistift und Aquarell auf gutem Zeichen- und Aquarellpapier. So toll die Computereffekte sind, in Farbenpanschen ist einfach schöner. Und gutes Papier macht auch Aquarellieren zu einem Mordsspaß!
Für Federzeichnungen hat sich, wenn es billiger sein soll, der »Münchener Aktstudienblock« der Firma Vang bewährt. Schönes Naturweiß und glattes, kräftiges Papier für ein paar Euro. Was die Federn angeht,

kann ich bei keiner mehr Firma oder Modell erkennen, so voll geschmoddert sind die...

4. Kneipen und Zugfahrten sind tolle Orte für Ideen. Schon weil so viele Gesichter von Leuten, auf die man dort trifft, die Phantasie enorm anregen. Manchmal sitze ich aber auch einfach am Schreibtisch, und die Idee kommt tatsächlich! Manchmal erst ein Bild, dann der Text – und manchmal umgekehrt. Mal zuerst die Pointe, mal feile ich stundenlang an selbiger, weil das Thema schneller war.

5. Ups, das hab ich wohl schon oben beantwortet, was? Aber noch was: Bei den vielen Seiten der Fußballcomics hab ich immer gerne Kästchen vorkopiert, zum Beispiel drei Zeilen, bei denen ich nur noch die Breite der Bilder einzeichnen muss. Das spart zum einen Zeit, zum anderen gehört Kästchenzeichnen nicht zu den aufregendsten Dingen in diesem Job. Mit den Kopien hat man ein gleich bleibendes Format (muss ja nicht sein, aber wenn man's will...) und – Nähkästchen! – das billige Papier wird beim Kopieren durch die Hitze quasi »versiegelt«, also »bluten« die Stifte viel weniger!

6. Je nach Zeit und Zweck am Rechner (Adobe Photoshop), mit Copic-Markern oder eben mit Aquarellfarben. Für Details eignen sich Polychromos-Buntstifte hervorragend, zum Retuschieren sind Tempera (Gouache)-Farben ganz praktisch – vor allem, wenn es die gleiche Firma ist, von der man die Aquarellfarben benutzt, weil die Farbpigmente dann meistes ähnlich bis identisch sind!

7. Keine Ahnung. Wer es will, wird es schon machen – und wenn das Durchhaltevermögen stimmt, wird er oder sie es auch schaffen. Kein Weg, um reich zu werden, aber welcher Job ist schon krisensicher? In jedem Fall die wohl netteste Szene Deutschlands, weil Comiczeichner – im Gegensatz zu bildenden Künstlern, Literaten und Schauspielern – noch nie in Subventionskonflikte gekommen sind, sondern einfach Comics zeichnen müssen. Außerdem sind die Möglichkeiten des Mediums noch lange nicht ausgeschöpft. Also kommt alle her und lasst euch was einfallen!

ANHANG
ADRESSEN · LITERATUR · SCHLAGWORTREGISTER

Empfehlenswerte Bücher

- »Manga Zeichenkurs«,
Akira Toriyama/Akira Sakuma,
Carlsen Comics 2001
- »Figuren zeichnen leicht gemacht«,
Burne Hogarth, Taschen Verlag 1991
- »Räumliches Zeichnen«,
Henk Rotgans, Ravensburger Verlag 1986
- »Cartoon Animation«, Preston Blair,
Walter Foster Publishing CA. 1994
- »Hugos Comiczeichenkurs«,
Hansi Kiefersauer, alpha comic verlag 1990
- »How to draw Batman«, Ty Templeton,
Walter Foster Publishing 1998
- »Punkt, Punkt, Komma, Strich«, ab ca. 6 Jahre, Hans Witzig, Falken Verlag 2002
- »ICOM Handbuch 1999«,
hrsg. v. Burkhard Ihme,
Interessenverband Comic e.V. 1999
- »ICOM Ratgeber Honorare«,
hrsg. v. Christoph Ruoss,
Interessenverband Comic e.V. 2002
- »Ratgeber Freie Kunst und Medien«,
Goetz Buchholz, Schriftenreihe
der IG Medien
- »Comics richtig lesen«, Scott McCloud,
Carlsen Comics 1998
- »Adobe Photoshop für Durchstarter«,
Norbert Welsch, Guido Stercken-Sorrenti,
Springer-Verlag 1997

Hochschulen

- Comicseminar Erlangen
c/o Contours, Goetheallee 19,
22765 Hamburg
Seminar über eine Woche, veranstaltet von der Agentur Contours. Findet alle zwei Jahre auf dem Comicsalon von Erlangen statt.
- Design Factory
International College of Communcation Art and New Media, Kastanienallee 9,
20359 Hamburg, www.design-factory.de
Private Grafik-Design-Schule mit Zusatzkursen für Comiczeichner.
- Fachhochschule Hamburg
Fachbereich Gestaltung, Amgartstr. 24,
22087 Hamburg
Vereinzelte Comicprojekte und Vorlesungen zum Thema. In der Sommerakademie Pentiment werden Comickurse angeboten.
- Hochschule für Gestaltung und Kunst Luzern, Sentimatt 1, CH - 6003 Luzern
Zwei Mal im Jahr werden Comickurse mit Gastdozenten angeboten.
- ZVS-Zentralstelle für die Vergabe von Studienplätzen
Sonnenstr. 171, 44137 Dortmund

Trickfilmschulen

- AWGD Akademie Werbung Grafik Druck
Heinrich-Grone-Stieg 4, 20097 Hamburg,
Tel.: 040 / 230 640, www.awgd.de
- Animation School Hamburg
c/o Stiftung Berufliche Bildung,
Wendenstr. 493, 20537 Hamburg,
Tel: 040 / 21 112-119,
http://www.animation-school-hamburg.de
- Akademie der Bildenden Künste
Akademiestr. 2, 80799 München,
Tel.: 089 / 38 52-0, www.adbk.mhn.de
- Fachhochschule Bochum
Lennershofstr. 140, 44801 Bochum,
Tel.: 0234 / 32202, www.fh-bochum.de
- Fachhochschule Münster
Hüfferstraße 27, 48149 Münster,
Tel.: 0251 / 83 -0, www.fh-muenster.de

Anhang 123

GmbH, Lochfeldestr. 30, 76437 Rastatt,
www.comicaction.de
Jährlich Ende Oktober

Comic- und Cartoon-Verlage

Eine regelmäßig aktualisierte Liste aller Comicverlage in Deutschland findet sich auf www.comic.de unter der Rubrik »helferlein«. Einfach mal reinklicken!

Sonstige Adressen

- Bund Deutscher Grafiker (BDG)
Flurstr. 30, 38100 Braunschweig,
www.bdg-deutschland.de
- ICOM
Interessenverband Comic e.V.,
Danneckerstr. 12, 70182 Stuttgart,
www.comic-i.com
- Künstlersozialkasse
Langeoogstr. 12, 26384 Wilhelmshaven,
www.kuenstlersozialkasse.de
- VG Bild-Kunst
Weberstr. 61, 53113 Bonn,
www.bild.kunst.de

- Filmakademie Baden-Württemberg
Mathildenstr. 20, 71638 Ludwigsburg,
Tel.: 07141 / 969-0,
www.filmakademie.de/home.php3
- Hochschule für Film und Fernsehen »Konrad Wolf«, Karl Marx-Str. 33/34, 14482 Potsdam - Babelsberg,
Tel.: 0331 / 7469 - 0, www.hff-potsdam.de
- Hochschule für Kunst und Design Halle
Seebener Str. 1, 06114 Halle,
Tel.: 0345 / 7751622, www.burg-halle.de

Comic-Treffen

- Internationaler Comicsalon Erlangen
Kulturamt der Stadt Erlangen, Marktplatz 1, 91054 Erlangen, www.comic-salon.de
Alle 2 Jahre am Fronleichnam-Wochenende
- Leipziger Buchmesse
Leipziger Messe GmbH, Postfach 100720, 04007 Leipzig, www.comicsinleipzig.de
Jährlich im März
- Frankfurter Buchmesse
Postfach 100116, 60001 Frankfurt / Main,
www.buchmesse.de
Jährlich Anfang Oktober
- Kölner Comictage
Kontakt: Constanze Döring,
Josef-Haubrich-Hof 1, 50676 Köln,
www.stbib-koeln.de/fachabt/comics/
Jährlich im April
- Comic Action Essen
Kontakt: Modern Graphics Distribution

Schlagwortregister

Agentur: Eine Firma für die Vermarktung von Comicserien.

Album: Comic-Album auf mindestens 48 Seiten (»Asterix«-Format).

Ami-Format: Comicheft-Format, wie es in Amerika üblich ist, also 168 mm breit und 257 mm hoch, also kein DIN-Format. Entscheidet man sich als Heftmacher für diese Größe, kann man unter Umständen Probleme mit deutschen Druckereien bekommen, da diese auf DIN-Größen ausgerichtet sind.

Blaustift: 2Non Photo Blue-Stift. Der blaue Strich wird vom Fotokopierer nicht gesehen, d. h. nach erfolgter Reinzeichnung erübrigt sich das Radieren.

Brainstorming: (engl. Brainstorm = Geistesblitz) Sammeln von spontanen Einfällen.

Cartoon: Witzzeichnung, Karikatur. Ein Gag in einem Bild, zumeist in Zeitungen und Zeitschriften zu finden.

Comic Strip: Comicstreifen von drei bis vier Bildern Länge.

Copyright: Urheberrecht. Die Angabe über das Copyright © besagt, wer das Nutzungsrecht an einem Comic oder einer Comicserie hat.

DIN-Format: (Deutsche Industrie-Norm) Nach einer bestimmten Norm vorgeschriebene Größe eines Papiers .

Drehbuch: Szenario, die geschriebene Geschichte mit Angaben über Ort, Zeit, die handelnden Figuren und Dialoge.

Exposé: Entwurf einer Handlungsskizze.

Gag: Witz, Pointe.

Inken: (engl.: Ink = Tinte) Das Tuschen, also das Nachziehen der Bleistiftzeichnung mit schwarzen Konturen.

Jam Comic: Ähnlich wie bei Musikern wird auch hier kräftig improvisiert: Zeichner setzen sich zusammen und entwickeln aus dem Stehgreif einen Comic, wobei jeder mal daran arbeitet. Weiß der eine nicht mehr weiter, übernimmt der nächste Zeichner und gibt der Handlung eine neue Wendung.

Kettencomic: Ein Zeichner beginnt eine Story und gibt oder schickt das Blatt einem Kollegen, der das folgende Panel zeichnet. Die Story entwickelt sich dabei von Bild zu Bild.

Kolorierung: Der Arbeitsschritt der Farbgebung im Comic.

Layout: Entwurf einer Comicseite mit Bildanordnung und Bildgestaltung.

Lettering: (engl.: Letter = Buchstabe) Einfügen der Texte in die Sprechblasen.

Leuchttisch: Tisch mit einer von unten beleuchteten Milchglasscheibe. Der Zeichner benutzt diesen als »Durchpaushilfe«: Die auf dem Lichttisch liegende Bleistiftvorzeichnung wird auf ein darübergelegtes neues Blatt durchgezeichnet.

Marker: Filzstifte für Grafiker.

Merchandising: Verkauf von Comicfiguren und Motiven auf anderen Materialien (T-Shirts, Tassen, Poster, Schlüsselanhänger etc.) oder Einsatz als Werbeträger für Fremdprodukte.

Model Sheet: Modellzeichnungen von Zeichentrickfiguren aus verschiedenen Blickwinkeln und Ansichten. Dient als Richtlinie für die Phasenzeichner.

Onomatopöien: Lautmalerei, die »Pengwörter« im Comic.

Off: Außerhalb des Bildes. Der Begriff ist der Filmsprache entnommen.

Outlines: Schwarze Konturenlinien.

Panel: Das einzelne Bild in einem Comic.

Pencils: (engl. Pecil = Bleistift) Die Amerikaner nennen so den Arbeitsschritt »Erstellen einer Bleistiftzeichnung«.

Piccolo: Comicheft in einem kleinen Querformat. Piccolos waren in den 50er-Jahren sehr beliebt. Bekannte Serien hießen »Sigurd«, »Falk« oder »Tibor«.

Pseudonym: Der Name, den sich ein Zeichner zulegt, wenn er seine Arbeiten nicht unter seinem richtigen Namen veröffentlichen möchte. Häufig ein Namenskürzel, wie zum Beispiel bei dem »Tim und Struppi«-Zeichner Hergé. Im Französischen spricht man das Pseudonym wie die Initialen seines Namens aus: R.G. = George Remi.

Rasterfolien: Selbstklebende Folien mit Rasterpunktierung in unterschiedlicher Dichte. Dient zum Einbringen von Grautönen in eine Zeichnung.

Speedlines: Geschwindigkeitslinien, um Bewegung und Geschwindigkeit einer Figur oder eines Gegenstandes in einem Bild zu verdeutlichen.

Sidekick: Der (zumeist komische) Gefährte eines Helden.

Splashpanel: (engl.: Establishing Panel = Einführungsbild) Großes Einführungsbild, zumeist am Beginn einer Comicstory.

Scribble: Skizze, Entwurf eines Comics mit angedeuteten Figuren und Sprechblasen.

Storyline: Der Handlungsfaden einer Geschichte.

Inhaltsverzeichnis

Willkommen bei Kims Comiczeichenkurs! 03

Das richtige Handwerkszeug 07
Papier – Bleistift – Lineal – Konturstifte – Pinsel – Feder – Filzmarker – Aquarellfarben – Buntstifte – Rechner – Rasterfolien – Leuchttisch

Los geht's! 21
Öde – Omi Kempel – Sigi Sause

Anatomie einer Comicfigur 29
Kopf – Mimik – Kopfdrehung – Kopfformen – Körper – Hände – Gestik – Charaktere – Frauen

Hintergründe, Szenerie 43
Perspektive

Sprechblasen, Text, Lettering 47
Sprechblasen – Lettering

Action im Comic 57
Lautmalerei – Speedlines

Ein Comic entsteht 61
Idee und Story – Drehbuch – Vorzeichnung/Seitenlayout – Reinzeichnung

Fertig! Und nun? Auf Verlagstour 77
Veröffentlichung

Nicht linken lassen! Rechtsfragen 85
Honorar – Verträge – Recht – Verwertungsgesellschaften

Bilderschmiede – Ein Comic entsteht 89
Störtebeker

Comiczeichner-Interviews: Wie machen es die alten Hasen? 97
Tom Breitenfeldt – »Tom« – Alain Felkel – Flix – Haggi – Marc Hillefeldt – Heinz Körner – Lutz Mathesdorf – Ralph Ruthe – Dirk Schulz – Volker Sponholz

Anhang 121
Empfehlenswerte Bücher – Hochschulen & Kurse – Trickfilmschulen – Comic-Treffen – Comic- und Cartoon-Verlage – Sonstige Adressen

Schlagwortregister 124

Punkt! Aus! Ende!
Bleibt nur noch, mich bei all denen zu bedanken, die mich bei der Arbeit an diesem Büchlein unterstützt und motiviert haben: Joachim Kaps, der mir den Anstoß dazu gab, Volker Sponholz für technische Beratung und Lektorat, alle alten Hasen für ihre geduldigen Antworten auf schon tausend Mal gestellte Fragen, Jan Paepke, Programmierer meines Vertrauens, und Elke, mon amour, für Geduld, Geduld, Geduld und »Tass Kaff« zwischendurch.

Und weiter geht's...

COMIC FIGUREN ZEICHNEN von Kim

Zeichne deine eigenen Comichelden.
Dank Kims »Comiczeichenkurs« kennt ihr nun die richtigen Kniffe, Werkzeuge und Techniken, um einen Comic entstehen zu lassen.

In »**Comicfiguren zeichnen**« verrät euch Kim die wichtigsten Grundregeln, Tipps und Tricks, die man beim Zeichnen von Figuren beachten sollte. Mit Extrakapitel zum Zeichnen von Tieren!

ISBN 978-3-551-76834-6

CARLSEN COMICS
www.carlsencomics.de